死を超えるということ

「もう一つのこの世」に気づくために

寛 次郎

現代書館

死を超えるということ

「もう一つのこの世」に気づくために

目次

はじめに

私は七つ八つの少年のときから死ぬのが怖かった。原因はよく分からない。寺の子として生まれて、人の死を身近にかいま見たことや、幼児のときに大病をして（と聞かされた）、虚弱体質だったことが関わっているのかもしれない。昼間遊んでいるときは忘れているのだが、寝床に入ると「死んだらどうなる？」という問いがしばしば頭の中に現われて、眼が冴えてくる。やがて疲れて眠ってしまうのだけれど、答えのない問いのまえで、うろうろしている意識をもてあました。

少年の私にとって、死とは自分が消えてなくなることだった。天国だの地獄だの別次元の空間だの、死後の世界についていろいろな教説があるのを知ったが、そうした教説は子ども心にも信じられない。死が怖ろしいゆえに作られた虚構としか思えなかった。

肉体が不調でないときもそんなだったから、風邪で熱が出たときなどは大変だった。眠ってしまえば、そのまま目覚めることなく死んでしまうかもしれない。そう思うと眠れなくなり、死の恐怖から目眩《めまい》や吐き気が起きた。診察に来た医者は仮病だと考え、親たちは異常に神経質な子だと思ったが、布団の中の私は、死の恐怖で居すくまっていたのである。

死が怖いという感情は、かなり早くから、おそらく小学校の終わりごろから、「私は何のために生きているのか」「この世界は何のために存在するのか」という問いと結びついた。私は本の中に答えを探そうとして、読書が好きな少年になった。だれかに自分を説得して欲しいと心から思っていた。しかし何を読んでも納得できず、むしろ人は最後まで明晰であることを放棄してしまうゆえに、根拠のないことを人生の目的にしてしまうのだと思った。

そしてあるとき――十七歳のときだった――「この世界も私も何のためにあるのでもない。意味もなく、ただ存在するのだ」という先人の断言に出会って、おそるおそる虚無の世界に足を踏み入れることになる。

何のために存在するかも解らず、気づいたときには、すでにただあり、やがて死によって無に帰する人間の命。その確信から世間を眺めると、周りの人々がどうして富や権力を得るために一生懸命になっているのか不思議だった。そんなものはどうでもよかった。心の奥深くで日常への関心を奪われた私には、人生は他人の真似事だった。

心の奥に沈殿している虚無の正体をつきとめること、そして、それと一対だが、「死が怖ろしい」という思いの出どころをつきとめることが、緊急な関心事だった。それを何とかしないと、この社会に心から参加できそうもなかったから。

私は京都大学で哲学を学び、パリ大学で言語学を学んだが、それはみなこの関心にそった営みだった。そしてフェルディナン・ド・ソシュールやベンジャミン・リー・ウォーフの言語学と仏教に導かれて、三十歳のときにようやく『ことばの無明』（邯鄲アートサービス刊、新泉社発売）を書き上げた。この本は「人間の言語とは何か」をとくに認識論として論じたものであるが、その後記に書いたように、私にとっては死が怖いという思いとそこから生じる虚無に対する孤独な闘いの「中間報告」であった。いま読み返してみると、いかにも生硬《せいこう》な文章で恥ずかしいが、私はこの本をひたすら自分を納得させるために書いた。言葉が私自身を裏切って、心ならずも嘘を書いてしまわないように、それだけを注意して書きすすめたのだった。

拙著を上梓して数年後に、私は哲学者として生きるのをやめ、百姓暮らしを始めた。それには多くの理由があり、ことさら一つを挙げれば嘘になるが、右の文章との関わりで言えば、死すべき「私とは何か」という問いに一応の答えを与えて、人並みに世間に参加できそうな気がしていた一方で、「机上の学問では、もはや先に進めない」という思いがあった。私が歩んでいる道に明かりが灯ったが、死の恐怖を超えたとは言いがたかった。死の恐怖を超えるには、感性を変えなければならないのではないか。そのためには、私の感性を培ってきた「生活」を変える必要があるのではないか、と思った。私は書物の中で出会う昔の人たちの心を好ましく羨ましいものと感じていた。そしてそれを得るには、昔の人たちの自給自足的な単純な暮らしに近づく必要があると思った。

また、『ことばの無明』を書きながら、私は、言語哲学を通して私が到達した場所が、すでに仏教で言われているという印象をもつようになっていた。ソシュールやウォーフが到達した言語観は、すでに千数百年も前にインドの仏教者ディグナーガ（陳那）やダルマキールティ（法性）が主張していることのように思われたし、また彼らがかいま見ている存在の実相は、仏陀（以下本書で仏陀という呼称で指すのは、釈迦牟尼仏陀、つまり紀元前五世紀ころの北インドに生きていたゴータマ・シッダールタという人である）が説いていることだと思われた。それで、哲学者としても私が先に進むためにもっともよい道は、仏教を学ぶことであり、何より修行によって私の視座を鍛えることであると思った。私の百姓暮らしは、自身では仏教の修行としても意識されていた。「中間報告」から三十五年が経ち、肉体の老いを感じる昨今、私の死神との闘いの「最終報告」を書かなければならないと思っている。基本的には、中間報告が誤りだったとは思っていないのであるが、三十年の百姓暮らしはもう一歩だけ私を先に進ませてくれた。それはたしかに一歩にすぎないが、取るに足らない一歩ではない。本書で私はそれを書きたいと思っている。

その一歩をひと言で言えば仏性ということである。私はこの歳になっても仏陀の悟りの体験を得ていないが、仏陀の悟りの内容を確信している。仏陀はこの世界の真実のあり方に「気づいた」のであり、そのあり方は当然、いまだ気づいていない人々にとっても同一である。同一であるから仏性といい、大乗の涅槃経は「一切衆生悉有仏性《しつう》（あらゆる人がみな仏性を有している）」というのである。『般若心経』の言葉を用いれば、『ことばの無明』は「色即是空」という言葉で表わされている存在論を、仏教の術語を使わずに書いたのであるが、本書は「不生不滅、不垢不浄、不増不減」という言葉で表わされている仏性、私の内にある仏性を、やはり仏教の術語に頼らずに論じる試みである。

仏陀は悟りによって「不死を得た」といわれる。本書はそれがどういうことかを論じる試みであると言ってもよい。

ここには原理的な困難があることを指摘しておきたい。というのは、その困難が本書の表現方法に関わっているからである。

あとで詳しく論じることになるが、私たちは自分がもっている「言語についての知」は、世界のあり方を写し取っていると考えている。言い換えれば、言語についての知のなかに見いだされる「論理」は、世界のあり方のなかにある「秩序」を表わしていると考えている。だから、たとえば哲学者は世界のあり方を解明するために、自分の言語についての知を省察し、論理を引きだそうとするのである。

この私たちが暗黙のうちに認めている前提が正しいなら問題はないが、仏陀は悟りの体験によってその前提が誤りであることを知ったのだと私は考えている。

仏教では私たちの通常の知識を「分別知」というのに対して、仏陀が悟りの体験で得た智を「無分別智」と言っている。分別知は言語についての知と言い換えてもよい。それに対して無分別智は言語の関与を超えたところで経験される直覚《ちょっかく》である（仏教では知の字も使い分ける。たとえば専門家の「知恵」に対して悟りの「智慧」というように）。

そのような智を言葉で表現し伝達しようとしても不可能で、言葉は無分別智を歪曲《わいきょく》してしまう。この不可能を自覚させるために、禅者が「不立文字《ふりゅうもんじ》」と戒めるのも、理由《ゆえ》なきことではない。しかし、言葉がなければ仏陀の教えも伝承されなかったのは確かである。それゆえ、無分別智を表現しようとする言葉が、それをすり抜けてしまい、作者の意図を裏切ってしまうとしても、私は言葉がまったく無力だとは思わない（この点については第七章でより詳しく論じるが、単に第七章の内容だけでなく、本書の全体がその実行である）。ただ、分別知の世界を語る場合とはいくらか異なった方法を工夫しなければならない。

分別知の世界について語る場合、私たちは言語についての複雑で纏《もつ》れた知を整理し、そこに論理を見いだしていく。たとえて言えば、それは鼠《ねずみ》が一個の大きなパンを片隅から食べはじめ、少しずつ食べていって、やがて食べつくすような作業である。

一方、言語の働きを超えた智を伝達しようとする場合には、そのような方法を採ることができない。無分別智の世界は原理的に言語による描写を拒絶しているので、私たちはその智を狙って、その周辺を堂々巡りすることになる。この堂々巡りは、しかしながら何も意味のないことではない。たとえて言えば、はじめはピントの外れたファインダーから覗いていたぼんやりした景色が、この堂々巡りを通して次第にピントが合っていき、はっきりと見えてくるような変化が期待されるのである。

本書では仏陀が悟ったものを「もう一つのこの世」と名づけ、それがどのようなことかを、さまざまな方向から接近して語ろうとしている。したがって繰りかえしのように見える表現が多いが、そこに読者は少しずつピントの修正があることに気づかれるはずである。私の考えではこれが、甚深《じんじん》微妙《みみょう》と言われる仏陀の悟りに近づく唯一の方法である。そのように考えて、堂々巡りに付き合っていただきたいのである。

第一章 「死が怖い」とはどういうことか

平素から死が怖い人々

『「死ぬのが怖い」とはどういうことか』という本の中で、著者の前野隆司氏が、インターネットで行なったアンケート調査（対象：老若男女八三〇名）を紹介している。それによると、「あなたは死ぬのが怖いですか」という問いに対して、およそ半数の人が「怖いと思う」と答え、一〇パーセント強の人が「とても怖い」と答えているそうである。一方およそ三〇パーセントの人は「怖いとは思わない」と答えているという。前野氏は、人間にはなぜか自分の死が怖い人と怖くない人がいて、それは性格などとは関係がないと思うと述べている。この点は私も同感である。

しかし、アンケートの数字をどう解釈するかは、人によっていろいろだろうが、私には平素から死が怖いと思う人が、十人に一人もいるとは思われない。

癌を宣告されたりすれば、多くの人が間近な自分の死を思って恐怖する。しかし平素は、たいていの人は死を忘れて生きているのではないか。

『死ぬ瞬間』の中で、キューブラー・ロス医師が、重病で間もなく死ぬ人たちに共通の心理的な変化をまとめている。彼女は死にゆく人たちが否認、怒り、取引、抑鬱、受容という五つの過程を経て、諦観とでも言うべき静かな心境に至ると述べている。しかし、私にはこの過程は、平素は死を忘れている人たちも不治の病いを宣告されれば一様に死を怖れてパニックに陥ることを示しているように見える。終盤の変化も、捕縛された獣が暴れて逃げようとするが、やがて疲れ果てておとなしくなるのにも似ている。つまり、キューブラー・ロス医師が集めた多くの例は、私にはほとんどの人が大病でもしないかぎりは死を忘れて生きていること、そして死について何も考えていないこと、何の覚悟もできていないことの証拠のように見える。

病いの有無に関係なく平素から死を怖いと思う人は、おそらく前野氏のアンケートよりずっと少なく、百人に一人、いや千人に一人ではないかというのが、私の人生経験からの印象である。

私は子どものときから、他の人たちが自分のように死を怖れないのを不思議に思ってきた。私は自分を「とりわけ臆病な子ども」と判断せざるをえなくて苦しんだ。他人の心は見えない。そして、人はだれでも自分の臆病を人前に晒したくないので、「死ぬのが怖い」と思う人も、心の奥深くにいつも沈殿しているその感情を軽々しく他人に話したりはしない。だから、言わないだけで怖いのはいっしょだと考えることもできるが、私は長じてからも周りの人々との違和感を引きずってきた。

自分の臆病を軽々しく話題にすることはないが、人はまただれでも共感を求めて、機会を選んで告白するものである。私の経験のなかでも、稀にではあるがそうした告白を聞くことがあって、特別な病いもないのに、死を怖れている人間が私一人でないことも分かっていた。明らかにきわめて少数派の、あるグループの人々が死を怖れる。育った環境によるのか、幼いころの体験によるのか、どこかに生理的な欠陥があるのか、それは分からない。

中島義道氏が、『死を哲学する』という本を書いているが、それを読むと、彼が私と同じように子どものときから死を怖れ、その感情を見つめて闘ってきたことが分かる。

パスカルは私たち人間を死刑囚に喩えた。いつどんな方法で死刑にされるかは分からないが、必ず死ななければならないので、死刑囚と同じだというわけである。

「今ここに、鎖につながれ、全員、死刑を宣告されている人がかなりの数いると仮定しよう。その中の何人かは他の人の見ている前で、毎日、処刑されていくようになっている。残された者たちは、処刑される仲間の運命の中に自分たちのそれを見て、残った者同士で苦痛と絶望のうちに互いに顔を見合わせながら、自分たちの順番が来るのを待っている。これこそが、人間の条件のイメージなのである」（『パンセ』一九九）。

中島氏は私より一歳上の人だが、彼は七歳のときに祖父の死に出会って、死刑囚としての自分の運命を自覚したと言っている。そして驚くことに、それから六十歳を越えるまで、一日も中断することなく、己の死を考えてきたという。

「この思いは七歳のころから一瞬の中断もなかった。昼休み、しかたなく明るい校庭に出、校舎にもたれかかってぼんやり級友たちの遊ぶ姿を見ていたときも、入学試験の問題を必死な思いで解きながらも、酒に酔って道端に倒れ込んだときも、病院から『男の子が生まれましたよ！』という電話を受けたときも……『もうじき死んでしまう』という叫び声が消えたことはないのです」

そういう人だから、周りの人々が自分の死を忘れて生きていることとは、「私にとっては想像を絶すること」だと言う。

どんなに深く悩んでも、「死が怖ろしい」という思いは簡単には乗り越えられない。彼は「『何かの間違いにちがいない』とじたばた暴れた後、どうも本当のようだと悟るにつれて、自分の不運にたえず涙を流しながらも、『ここ』で生きていくしかないと悟るに至りました」と言うのである。

中島氏の言葉は私が読んでも極端で、非常に稀な人のように感じられるが、中島氏ほどではないにしても、平素から死を怖れていることを文章にしている人も一人や二人ではない。

『「死ぬのが怖い」とはどういうことか』の著者も、小学生のときから死ぬのが怖かったという。

「どうして僕は、今ここに存在しているのか。一方、生まれるまでは何もなかったのか。いや、何かあったけれど、思い出せないだけなのか。そして、死んだあとも、生まれる前と同じように、また何もなくなってしまうのか。それとも、思い出せなくなってしまうのか。

僕が生まれる前の、とてつもなく長い時間と、僕が死んだあとの、同じくとてつもなく長い時間。僕がいないのに、どうして世界は平然と続いていくのか。

僕から見た世界は僕のためにあるのに、僕という主人公がいなくなったあとで、世界は、誰のために、何のために、続いていくのか。世界に始まりはあったのか、なかったのか。宇宙に果てはあるのか、ないのか。

そんなことを考えただけで、怖くてしかたがなかった」

もう一つ例を挙げよう。次の文章は、『ナーム』という仏教の雑誌に連載された大住広人氏の「非条理の風景」と題するものの一部である。

「死ぬのが、怖い。七十四歳にして病や傷を負っているわけではなく、思いつめること、ものがあるわけでもない。真夜中ふと目が覚め針の落ちる音が聞こえると、死が迫る。

いずれ死ぬ。直後かもしれないし、五年後かもしれない。が、確実に死ぬ。かつて例外は一つも聞かないし、男の平均寿命は七十九歳。そこへ一歩一歩と近づいている。限界寿命は百四十余歳というが、そこまで恃むのは空想に過ぎる。

いや何年が問題なのではない。確実に死ぬ、これが怖くて堪えられない。いつどうなって、どのように絶えるのか。痛いのか、苦しいのか、辛いのか、その全部が嫌だ。

嫌だ、耐えられないといったところで容赦はされないのだろう」

このような文章に出会うと「ああ、この人は私と同じ種類の人間だな」と思うのである。

仏陀自身が若いころのことを回想した経典（増支部経典三・三八、中部経典二六「聖求経」など）

があるが、次のような言葉に触れると、若きゴータマ・シッダールタもまた私たちの仲間であったと分かる。

「自分は若くてぜいたくな生活を営んでいたけれども、次のような思いにふけることがしばしばであった。一般の人々は、他人が老いさらばえ、または病気で苦しみ悩んでいても、これを他人事として、いっこうに気に留めることなく、これを忌みきらうことをしない。これは他の人々が死んだ場合も同様である。真に自分の身に引き当てて、自分が老い衰え、病み苦しみ、または死にゆくことを痛切に考えようとしない。ところが私は、他人の老い、病み、死ぬるのを見て、それをわが身に引き当てて悩み、慚《は》じ、きらい、そして、自分の現在の壮年に対するおごり、健康に対するおごり、生命に対するおごりは、すべて断ち捨てられたのである」（増支部経典三・三八）。

仏陀もまた子どものときから死を怖れて、それゆえに世間の価値観を持てなかった。それはおそらく、出生後間もなく生母を失ったことや、日本の戦国時代のような戦乱の世に弱小国の王子として生まれて、国と自分の厳しい運命を予想しなければならなかったことと関係しているだろう。

仏陀は二十九歳のときに王子の身分を捨て、妻子を捨てて出家修行者となった。これは死ぬのが怖いために、自分の運命から逃げだしたと見られなくもない。「逃げだした」という言い方は、その後の仏陀のあまりにも厳しい求道《ぐどう》の生活を見れば、もちろん無礼で恥ずかしい物言いであるが。

ついでに言えば、妻子をもってから出家し、結果として彼らを捨てたことに対して批判的な意見もあるが、それも皮相な判断である。

インドには四住期という考え方があり、仏陀が生きた時代にはすでに社会の慣習となっていた。それによれば学生期、家住期、林棲期を経て、はじめて出家者となる（遊行期）。人生の見習い期間である学生期と、老いてからの隠居生活である林棲期は、他の多くの社会にもあるが、人生の最後に放浪生活をして真理を求める遊行期があるのがインドの特徴である。この慣習においては、生産するのは家住期の人間のみであり、家住期にある者が他の住期の人々を養い、家を存続させ、社会を維持する。私たち現代人は、結婚して子どもをつくってから出家するのは無責任と思うかもしれないが、それによって家を存続させることができるのであり、仏陀はむしろそのような形で、やがて務めなければならない家住期の最低の責任を果たしてから出家することを選んだと考えることもできよう。

「死とは何か」という問題は、この死すべき「私とは何か」という問題と結びつき、さらには私がその一部である「この世界はなぜあるのか」という問いとも結びつく。死を怖れる人はそれらの問いに答えないうちは、心からこの世間に参加できないと感じるのだ。

私は、仏陀はそのような人であったと思っている。王子であった仏陀は、何不自由なく育てられながら、一般の人々から見れば楽しいはずのその生活を楽しめなかった。そして長いあいだ悩んだ末に出家し、命がけの修行をして、六年後にそれらの問いに答えを見いだしたのである。それが仏陀の悟りという出来事である。


世界の実相を悟ったあとでは、仏陀は死を忘れようとするのではなく、むしろ「己の死を思え」と教えている。

『無問自説経（ウダーナ・ヴァルガ）』という経典がある。仏陀はふだんは弟子たちの質問に答える形で教えを説いたが、ときにはだれにも質問されないのに、自ら自発的に説くことがあった。そういう言葉を集めているので、無問自説経という。とりわけ重要な経典であると思う。その経典の第一章は「無常」という題でまとめられているが、そこで仏陀は繰りかえし「われわれはみな確実に死すべき存在であることを考えよ」と言っている。

たとえば次のような言葉がある。

「『わたしは若い』と思っていても、死すべきはずの人間は、誰が自分の生命をあてにしていてよいだろうか。若い人々でも死んで行くのだ。——男でも女でも、次から次へと——」（八）

「『わたしには子がいる。わたしには財がある』と思って愚かな者は悩む。しかし、すでに自分が自分のものではない。ましてどうして子が自分のものであろうか。どうして財が自分のものであろうか」（六二）

「いくら財産を蓄えても、最後には尽きてなくなってしまう。高い地位身分も終《つい》には落ちてしまう。結びついたものは終には離れてしまう。生命は終には死に至る」（二二二）

「『わたしはこれをなしとげた。これをしたならばこれをしなければならないであろう』というふうに、あくせくしている人々を、老いと死とが粉砕する」（四一）（中村元訳）。

死に至る病いを宣告されてから「死とは何か」「私とは何か」を考えても遅い。肉体が衰える前に、若い健康な頭脳で考えなければ遅い、と仏陀は言っているように思われる。

しかし、多くの人は死を忘れて、物欲だの権力欲だの、我欲を満足させるために人生の貴重な時間を費やし、実相を求めようとしない。『聖求経』では、仏陀は、妻子、僕婢、山羊などの家畜、金銀など、世間で人々が求めているものを列挙して、それらが「生きているもの、老いるもの、病むもの、死するもの、歎くもの、雑穢《ぞうえ》なるもの」であると言っている。そして、そういうものでなく、「無上の安穏《あんのん》なる涅槃を求めよ」と説いている。死を忘れられない人は、そうした欲望の追求に没頭できないだけに、求道心を恵まれた人であるとも言えるであろう。

癌などの病いで短い余命を宣告された人たちが、日記や随筆を書き残している。それらを読むと、死の恐怖を克服するために、何か目的をもって努力することや、それまでの日常生活を変えずにたんたんと生きることが勧められている。恐怖でパニックに陥らないためには、それがよいと私も思う。しかしそれは「死についていくら考えても、死を超えることはできないから、人生の最後の瞬間まで死を忘れて生きよ」と言っているようにも聞こえる。死にゆく人の覚悟が、最後の瞬間まで死を忘れている工夫を指すなら、私はその覚悟に少しも心を惹かれない。人間の社会は、死を脇に置いて死に直面することなく生きることによって、社会が認めるさまざまな価値（簡単に言えば、それらは欲望の対象である）を守り、秩序を維持している。だからこそ、そのような覚悟を示す死は喝采を浴びるのだが、平素から死を怖れている人間にとっては、失礼ながら何の解決にもならない。それは霊魂の不滅や再生といった都合のよい教説を盲信して、心の平静を得ているのと何も変わらないと思う。また、死の恐怖でパニックに陥り泣き叫ぼうと、取り乱すことなく豪気に死を受容しようと、そんな外観はどちらでもよいとも思う。平素から死を怖れている人間にとっては、心の底から「死とはこういうことであったか」「生とはこういうことであったか」と了解《りょうげ》することなしには、解決にはならない。仏陀が死を超えたように、この世界の実相を悟って死の恐怖を雲散霧消させることが、それだけがたぶんただ一つのありうる解決なのである。

「死」の何が怖いのか

「死が怖い」というのは、いったい死にまつわる何が怖いのだろうか。断末魔の苦痛がどんなに激しいかと予想して怖れることもあるだろう。しかし、今日ではモルヒネのような薬に頼ることもできるし、臨終のときには脳にエンドルフィンというモルヒネに似た物質が分泌されて苦痛を感じなくなり、むしろ幸せな気分のうちに死ぬとも言われている（立花隆『臨死体験』）。

老年になってから、少しは死病の肉体的な苦痛を考えるようになったが、私は少年のときも青年のときも、肉体の苦痛を怖れたことはない。逆説的に聞こえるかもしれないが、もし私たちが絶対に死なないのであれば、首を切られようと火に焼かれようと、どんな肉体の状態も苦痛ではなく、その感覚を平然と味わうことができるだろう。痛みと呼ばれる感覚は、その先にある死とつながっているゆえに痛みなのだ、と少年の私は考えた。私にとって「死が怖い」というのは、あくまでも「私が消えてしまう」ことが怖ろしいのだった。

死者の体が腐敗し、急速に分解していくありさまを見て、大昔の人々は死を怖れるようになったという説がある。死体が分解していくと、すさまじい光景になるようである。汚物が流失し、死斑が現われ、内臓が腐ってドロドロになる。肉は寄生生物や小動物の餌食になって骨だけになり、やがてはその骨も溶けて消えてしまうという。埋葬の習慣は約一〇万年前のネアンデルタール人にさかのぼる。彼らが死者を埋葬するようになったのは、たしかに死体の変化を怖れたせいだろう。しかしそれは「死ぬのが怖い」という感情とイコールではない。

たしかに私たちは他人の死しか経験できないので、死の恐怖が他人の死を見ることから生じるのは間違いない。しかし、他人の死の経験が、私の死が怖いという思いにつながるのは、その具体的な死にざまによるのではなく、だれもが百年と経たないうちに死ぬことを教えられ、だから自分もまた確実に死ぬことを教えられるからだ。死体が強い異臭を放ちながら腐敗分解していく様子はたしかに怖ろしいが、死者の肉体が崩れていって「だれでもなくなってしまう」とき、そしてそれを自分の運命に投影するとき、はじめて「死が怖ろしい」という思いが生まれるのだと思う。

親や配偶者や子どもなど、親しい人間の死は、「悲しい」ものだが、「怖ろしい」ものではない。怖ろしいのはあくまでも「私の死」であって、私たちは自分の存在が消えてしまうことが怖ろしいのである。この問題に関しては、私たちはどこまでも利己的である。少なくとも本書が明らかにしようとする存在の実相、命の真実を知る前は、私も「死が怖い」という感情の前で、利己的な己を自覚せざるをえなかった。

それでは、自分が消えてしまうことが、なぜ怖ろしいのだろうか。

死の恐怖は自分を「愛《いと》しい」と思う心とつながっている。何年か前に、「この世界も、そこに生きている自分も好きでないから死刑にして欲しい」と考えて、無差別殺人を起こした若者がいた。彼は最後までその判断を変えることなく一審判決を受容して死刑に処せられたが、本当に自分を嫌悪し、世界を嫌悪したら、死が怖いこともないと私は思う。

ではその「愛しい私」とはいったい何なのか。子どものころは、それは私の肉体ではなくて、私の意識、あるいは私の眼差《まなざ》しだろうと考えた。たとえ肉体が失われようとも、この世界を見たり感じたりする意識があればそれでいいような気がしていた。言うまでもなく肉体と意識を別《わ》けて考えること自体が問題であり、脳が生きていれば他の部分がすべて人工臓器になっても、「私が生きている」ことになると考える科学者と同じように非現実的で幼稚であるが、子どものころのこのような思いは、死が怖いという感情の源を暗示している。

なぜ私たちは自分を「愛しい」と思うのか。この一見あたりまえのように見える事柄を考えてみる必要がある。

犬や猫も、小鳥や昆虫でさえも、自分の死を怖れているように見えるが、動物たちは自分の死を怖れているのではない。彼らには「私」という言葉がないので、死すべき「私」が把捉《はそく》されていない。犬や猫も死を怖れているように見えるのは、私たち人間が、「死が怖ろしい」という自分の思いを彼らの行動に投影して解釈しているからである。

私たちにはまた、犬や猫も自分を一番愛しいと思って行動しているように見える。進化論を信奉する生物学者たちは、すべての動物は自己保存を目的として行動していると言う。しかしそれも、彼らの行動をそのように意味づける眼差しを私たちがもっているせいで、そのように見えるのである。あとに明らかにするが、「愛しい私」と「私の眼差し」を同一視した少年のころの思いは、実は人間に固有な認識の仕方と関わっている。眼差しの奥には、私たちが自己中心的に世界を構成して見ているという認識作用があるのである。

死の恐怖がもたらす虚無

死が怖ろしいという思いは、死んで無になるこの私とは何かという問いに結びつく。また、私がいっときその中に生まれて、死とともに消え去ってしまうこの世界とは何かという問いにもなる。

子どものころ気づいたときには、「私」はすでにあった。私とは何かはさっぱり解らないのに、とにかく、ただあったのである。その私がやがて確実に死んで消えてしまう。私とは何なのか。

なぜ存在するのか。不可解なままに消えてしまうのである。そのことが何ともやりきれない。

昔の人はその不思議を、「私はどこから来て、どこへ行くのか」という問いの形で表現した。これは一見この世ではない世界を想定しているように見えるが、昔の人もみんなが輪廻転生を信じていたわけではないし、地獄や極楽の存在を信じていたわけでもない。むしろこのような問いの形で、気づいたときにはすでにあった「私」とはいったい何なのか、という不思議の思いを表現しているのだ。

この「私とは何か」という疑問を「この宇宙全体がなぜあるのか」と言い換えてもいい。禅仏教では「一本の杖がなぜあるのか」という問いになったりする。もちろん杖は私の歩みを助けるために存在するというのでは答えにならない。そういう用途とは別の、存在自体の意味を問うわけである。「私とは何か」という問いに「○○会社の課長」とか「××さんの夫」と言っても答えにならないのと同じである。

たいていの人が青春期に一度や二度は「私はなぜあるのか」と自問しただろうが、やがて忘れる。彼らはこの弱肉強食の競争社会で生き抜くために、また身近な人々が平穏に生きるために、社会人として行動するようになると、答えの出ない問いをいつまでも問い続けるのは「青臭い」と思うようにもなる。しかし、いつまでも問い続ける人もいる。

たとえば、「この世界はなぜあるのか」とその意味を求める人間と、沈黙を続ける世界との関係を、アルベール・カミュは不条理と呼んだ。それは彼の文学の一貫した主題であった。

青年時代の一時期、私はカミュの文学に傾倒した。死が怖いという思いから、「私はなぜあるのか」「世界はなぜあるのか」という問いを投げかけずにはおれなかったので、世界の沈黙はまさに不条理であった。カミュは虚無の源をだれよりも過不足なく示していると思った。

世界も私も何の意味ももっていない。それなのに世間の人々が富だの権力だの名声だの、砂上に築いたさまざまな価値を求めて一生懸命になれるのが不思議だった。なぜあるのかも分からず束の間を生きているだけの世界で、そういうものの一切が「どうでもいいこと」であった。欲望を充足するために主体的に行動している周りの人々と、彼らの行動をまねているだけの虚無的な自分を比べるとき、私はしばしば自分が「人間に向いていない」と思うのだった。

先に引用した中島氏も、死の恐怖は、世間の価値観を色あせさせてしまうだけでなく、人生に何の意味も見いだせない虚無におとしいれてしまうとも言っている。

「いま地上に生きている六〇億を超える人々も、あと百年もすればほとんどが消え去ってしまう。そして、永遠に地上に戻ってくることはない。こうしたことを想像して周囲の人間風景を眺めてみると、不思議でたまらなくなる。こうしてあくせく働いて、結局は死んでしまい、その後人々はすべて死んでしまい、……とするとなんで俺は生きているんだろう。しかも苦しいことが山のようにあるのに、という疑問がふつふつと湧き出てきます」

「どうがんばっても、人生に何らかの意味があるという思想は維持できそうにもありません。『意味』を『理由』と言い換えてもよく、『目的』と言い換えてもよい。とにかく、その意味・理由・目的に沿って、確固として（自己欺瞞に陥ることなく）生きがいを感ずるような生き方は、自分がもうじき永遠に無になり、人類もやがて消滅するという構図のもとでは、その『うちに』留まっていては、どうあがいてもありえないでしょう。人生の確固とした意味を獲得するには、その構図のうちに留まりながらこの構図から眼をそむけるのではなく――それはじつに虚しい生き方です――、やはりこの構図から抜け出て、『そとに』出なければならないように思います。

私はさまざまな仕方で『そとに』出る可能性を否定しません。でも哲学者はそうではない。この構図のうちに留まりつづけるのでもなく、そとに出るのでもない。構図そのものを徹底的に探究し、この構図にどこまで揺さぶりをかけられるか、こうした特異な目的に一生を費やそうと決めた人種なのです」


「死は私の消滅である」という直観は、人生を無意味にする。しかしより正確に言えば、死ねば無となるから人生に意味がないのではない。死ねば無となるという確信は、私の存在にも世界全体の存在にも意味がないことを「気づかせた」原因であるが、世界が無意味であるというあり方自身の理由ではない。ひとたび無意味に気づけば、それは死があろうとなかろうと変わらない。たとえ私が永遠に生き続けることができようとも、私は無意味にただあるというほかはない。

死についての二、三の議論——こんな理屈で死を超えられるとは思われない

当然昔から多くの哲学者や宗教家が、「死とは何か」を考え、語っている。西洋では古代ギリシャの有名な哲学者ソクラテスとエピキュロスの考えがよく知られている。

ソクラテスは、アテネの町の街頭に出て、毎日青年たちと哲学の議論をした。それで社会の秩序を乱した罪で死刑の宣告を受け、毒杯を仰いで死ぬのだが、そのとき「死は夢のない深い眠りのようなものだから、何も怖ろしいものではない」と言ったそうである。ソクラテス自身は言葉を書き残すということをしなかったが、弟子たちが彼の言葉を書き残している。

「たとえいかなる感覚もないとしても、その状態がまるで夢のない眠り——人が眠っていて夢一つ見ない場合の眠り——のようなものであるならば、死というものは大変な儲けものということになるでしょう。というのも、私が思うに、もし人が夢さえ見ないほど熟睡した夜を選び出した上で、自分の人生におけるそれ以外の昼夜をその夜と比較考量したうえで、自分自

身の人生の中で、どれだけの数の昼夜をその夜よりも快適に過ごしたかを言わなければならないとすれば、思うに、だれか一般の市民は言うに及ばず、あのペルシャ大王でさえも、そうした昼夜がそれ以外の昼夜に比べて数えるほどしかないのを見出すでしょう」(『ソクラテスの弁明』)。

つまり、ぐっすりと熟睡した夜は他の昼や夜の時間と比べても快適な時間なのだから、深い眠りと似ている死も心地よいものだというのである。それで、死は儲けものだという言葉が出てくるわけである。

一方エピキュロスは、私たちは結局死というものを体験できないのだから、怖れるに足らないと言っている。

「死は、もろもろの悪いもののうちで最も恐ろしいものとされているが、じつはわれわれにとって何ものでもないのである。なぜかといえば、われわれが存するかぎり、死は現に存せず、死が現に存するときには、もはやわれわれは存しないからである。そこで死は、生きているものにも、すでに死んだものにも、かかわりがない」(『エピクロス　教説と手紙』)。

こうした議論で納得できる人は、はじめから「死が怖ろしい」と思わない人、少なくとも平素から死が怖ろしいと思っている私たちの仲間ではない人だろう。中島氏が正しく指摘しているように、ソクラテスは死という状態、つまり「私がないこと」、「無であること」を怖ろしくないと言っているのであるが、死が怖ろしいのは、「無であること」が怖ろしいのではなく、私が「無になること」が怖ろしいのである。中島氏は、次のように言う。

「死の本来の恐ろしさは、無で『ある』ことではなく、なぜかいったん存在してしまったものが、無に『なる』ところにあるのです」

「私の場合、死に対する恐怖とは、まったくの無になるのが恐ろしいというストレートな感じというより、ずっと無であったのに、一瞬間だけ存在して、また永遠に無になる、という途方もなく残酷な『あり方』に対する虚しさです。自分がこれほどの残酷な運命に投げ込まれたことに対して、どうしても納得できないのです。こうした恨みにも似た感情が、私の人生を隅々まで彩っています」

一方エピキュロスについて言えば、私たちは「死の瞬間」を怖れるのではない。だれにも確実にやってくる「未来の死」を予想して怖れるのである。未来を予想して身構えることができるのは人間だけである。他の動物は現在のみを生きている。なぜそうなるのかも、第三章以下で論じるが、エピキュロスの議論は、「現在のみに生きる動物たちは人間のように死を怖れることはない」と言っているにすぎない。そして、未来を予想できる人間は、逆に言えば未来に配慮せずに現在のみに生きることはできないのである。

繰りかえしになるが、「死が怖ろしい」というのは、「私が消えてしまう」という怖ろしさである。それは「私とは何か」という問いと結びついている。

若いころ「私」を「私の意識」と同一視していたと言ったが、そのころは意識があり続けるのならば、たとえ一メートル四方の空間で永遠に身動きできなくても永遠にあり続けたいと思ったこともあった。しかし人生のいろいろな経験を積み重ねていくと、永遠に生きるというのもかえって残酷だと思われてくる。とりわけ体も心も若いまま生き続けるのならまだしも、歳をとった状態で永遠に生きなければならないとしたら、これは残酷だ。

歳をとると「死は安らかな眠りである」というソクラテスの言葉が、別の意味で納得されることがある。これは私自身の経験から言うのだが、とりわけ昔の百姓のように肉体を酷使して生きてきた場合は、死を安らぎのように感じると思う。また、歳をとると「たいていのことは経験してきて、これから先何年生きても目新しい経験はほとんどないだろう」と思う。その思いもまた死を受けいれやすくしているようである。

しかしこれは肉体の生理的な変化がもたらした感じ方の変化であって、死を超えたことにはならない。死を超えるためには「死によって消えていく愛しい私とは何か」という、死の恐怖の源にある問いに答えなければならないのである。

さて、二十世紀の後半から脳科学が急速に発展して、私たちが物事を認識したり、言葉を理解したり、何か行動を起こすとき、脳がどのように働いているかが、だいぶ解るようになった。MRIなどの医療器械の発明も大きな理由である。一方でコンピューター工学が発展して人間の脳の働きに近づくようなコンピューターが考えられたり、ある領域では脳よりも複雑な計算を短時間にやってしまうコンピューターも作られるようになった。その結果人間の脳は巨大なコンピューターと同じだと考える人たちも出てきている。

前野隆司氏は、ロボットの研究者だが、脳科学とコンピューターの両方に通じていて、その立場から前述の本を書いている。

その本の中で、彼は「私」というのはもともと脳が生みだしている幻想にすぎないので、私が消えてなくなることを怖れることはないのだと説いている。

彼の議論を要約すると、次のようになろうか。

まず、動物はみな環境に適応して種を繁栄させようとする進化の原理にしたがっていると考える。この点は人間も同じである。人間という種は、より多くの人間がこの自然界で生き延びるために都合がよい突然変異を残しているわけである。次に、生物はみな生きるために、環境の刺激に反応して行動する自動機械のようなもので、人間は高度な知情意、つまり知識と感情と意志をもっていて、人間だけは一見自動機械ではないように見えるが、実際は人間も自動機械のように環境に適応して生き延びるために行動しているのだという。

たとえば昆虫と比較して次のように言っている。

「（意識なしに問題を解決して）昆虫はうまく生きている。昆虫は様々な反射のかたまりのような生き方をしていると考えられる。つまり、食べ物があったら食べる。敵が来たら逃げる。逆さになったらばたばたする。光があったらそちらを背にして飛ぶ、といった反射行動のルールが脳にたくさん書かれていて、それらを組み合わせて生きていると考えられている」

つまり昆虫は「私」というものがあって、私が周囲の状況を感じ取って、私の意志で行動を選んでいるのではない。そして、基本的には人間も同じだという。

「あくまで、人間も、無意識的な反射の種類が増えたから高度な認知を行なえるようになったのであって、意識のおかげではないと考える」という。人間はたしかに「私の意識」を感じているのであるが、そして「私の意識」が周囲の状態を感じ取ったり、ある行動を選ばせて肉体を動かしたりしているように思うのであるが、脳がそのように錯覚させる仕組みを作っているだけで、「私」はどこにも実在しない。「私」というのは、いわば陽炎《かげろう》のようなもので、脳がある目的のために生みだした幻想だという。前野氏によれば、ある目的というのは、自分自身に起こった特別な出来事を記憶しておくために都合がよいということである（これを「エピソード記憶」という。一般化された知識の記憶である「意味記憶」と分けて考えている）。

心も精神もみんな幻想で、実際は周囲の環境の刺激に反応して、生き延びるために脳がいろいろな指令を出しているにすぎないというわけである。これは徹底した唯物論であるが、こんな風に「私」というものはもともと実在しない幻想なのだから、私が消えてしまう死を怖れることはないんだと言われても、「ああそうですか」と納得はできない。

実は仏陀も「私」というものは遠い過去世からの人間の営みによって作られた認識の仕方に現われるものであって、実在世界自身のあり方では存在しないと説いている。「私」というものは幻想だと言ってもいいだろう。だから前野氏は仏陀も自分と同じ考えであるかのように言っているが、これは似て非なるもので、誤解である。

では、仏教ではどう考えるのか。これについては次章で取りあげる。

第二章　仏陀の悟り——本書の議論の素描と方法の問題

真実に至るために修行が必要だった理由

本書は「死とは何か」死すべき「私とは何か」を解明することをめざしており、仏教という枠の中で考えるのではなく、もっと自由に私が到達したところを述べたいと思っている。しかし、仏教に教えられたことが多いので、私自身では、仏陀の悟りを仏教の言葉を使わずに論じることと等しいとも思っている。そこでまず仏陀の修行と悟りについて私見を述べておきたい。それは本書の議論の素描になるだろうし、何より本書の課題を考えるうえで注意しなければならない方法の問題を顕わにするからである。

仏陀は「死とは何か」「私とは何か」「この世界はなぜあるのか」というひとつながりの問いの答えを求めて二十九歳のときに出家し、悟りを得るまでの六年間さまざまな修行をした。大きく分ければ禅定と苦行と二種類の修行をしたという。

釈迦国を出て、当時最大の国であったマガタ国に向かった仏陀は、まず二人の禅定家について修行した。アーラーラ・カーラーマとウッダカ・ラーマプッタである。この二人はマガタ国の首都あたりで、大勢の弟子を率いて禅定修行を教えていた有名人だった。禅定というのはインドの言葉では「ヨーガ」で、簡単に言えば、ヨガを教えている先生だった。ただし日本で行なわれているヨガは、健康を維持するための訓練のようなものだが、ヨーガは体とともに心を鍛える修行である。仏陀は出家する前から禅定の訓練をしており、二人の名声を知っていて、まず彼らのところに行ったと思われる。

アーラーラ・カーラーマが理想としたのは、無所有処定《むしょうしょじょう》（何物にも執着しない無一物の状態となった禅定）という境地であり、一方ウッダカ・ラーマプッタが理想としたのは、非想非非想処定《ひそうひひそうしょじょう》（精神作用があるのでもなく、ないのでもないような、無念無想の精神状態となった禅定）という境地であったという。これだけではよく解らないが、仏教の経典では、二つの境地は悟りの前段階のように説かれることもある。『聖求経』によれば、仏陀は短期間に師と同じ禅定を獲得したが、満足できずに離れたという。

禅定の修行で目的を果たせなかった仏陀は、次に苦行の修行を行なった。経典に説かれている主な苦行は断食や呼吸の制御であるが、常に立っている、棘のある茨の上に寝る、骸骨の上に寝る、牛の糞尿を食べる、自分の糞尿を食べるなど、私たちから見ると気違いじみたものもある。仏陀は、当時行なわれていたあらゆる苦行を、しかも他の人より徹底して行なったという。阿含《あごん》経《きょう》には、仏陀の次のような言葉も残っている。

「およそ過去のいかなるシャモン・バラモンの苦行も、私のように激苦痛烈を受けたものはなく、私の苦行は最高であり、これ以上の苦行はなかった。およそ未来においても現在においても、私以上に激しい苦行を修する者はいないであろう」（中部経典三六）。

しかし苦行によっても目的を達しなかった。六年間のすさまじい苦行の果てに「このように極度に痩せた体では、まことの楽は得がたい、さあ自分は粗食と乳をとろう」と考えて、苦行を放棄したのだった。

その後、仏陀はネーランジャー川で沐浴して身を洗い清めた。体があまりにも衰弱していたので、川から岸へ上がれず、神々が差しだす木の枝につかまって川を出たという。そしてスジャーターという娘が捧げた食事を摂って、体を回復させ、ブッダガヤーの菩提樹の下に座って瞑想し、悟りを開くことになる。

さて、仏陀は「死とは何か」「私とは何か」という問いの答えを求めて禅定や苦行の修行をした。これは一見あたりまえのように見えるが、実は非常に重要な方法の問題を含んでいる。これを理解してもらうためには、「言語とは何か」について論じなければならない。次章以下で詳しく論じるつもりだが、ここでは結論だけを述べて議論を進めたい。

ヨーロッパ人は、そして現代日本人のわれわれも、何かを知るためにはすでに知っていることを反省したり、書物を読んで新たな知識を増やしたり、あるいは観察や実験で経験を増やしたりすればよいと思っている。何かを知るために、とくに生活に戒律を課したり、肉体を訓練したりはしない。

インド人は、次の二つの理由から修行しないと真実に到達できないと考えるのだと思われる。第一に、知識は真実を隠してしまうと考える。私たちは言語で考え、言語で知識をもつ。反映論（後述）の言語観が正しいのなら、言語は存在の実相（実在世界自身のあり方）を写し取る道具であり、真実に到達するために修行はとくに必要ではない。しかし人間の言語は、認識したものを単に表現する記号ではなく、認識の形を規定しているのである。人間の言語は人間だけが行なっている「分別的な認識」の枠組みであり、言語がなければ、分別的な認識そのものが成立しない。それゆえ通常のすべての知識は言語を超えることができないのであり、言語の影響を超えて存在の実相に至るためには、むしろ私たちの頭から知識を追い出してしまうことが必要なのである。インド人はそのために瞑想や苦行を行なう。

第二に、肉体の状態、とくに食欲、睡眠欲、性欲などの欲望が真実を見ることを妨げていると考える。それで、精神を肉体から自由にすることを求めて、自らの意思で肉体をさいなむ苦行を行なう。

伝統的にこのような方法をもつインドに生まれたからこそ、仏陀は真実に到達して、「死とは何か」という問題に答えを見いだすことができたと私は思っている。

言語は人間だけがもっているものである。他の動物や鳥などの声は、仲間への信号であるという点で、言語に少し似てはいるが本質的に異なるものである。というのは、動物たちの声は彼らの情動を表現するだけで、多くは遺伝子に規定された行動である。人間が訓練すれば、例外的に一定の声に一定の行動で反応する条件反射のパターンを形成する場合もあるが、それも、人間の言語のように認識の形を規定しているものではない。

人間の言語には少なくとも二つの決定的な違いがある。

一つは、人間の言語は脳の構造として、つまり神経細胞の複雑なネットワーク（神経回路網）

として習得されることである。

第五章で詳しく論じるが、これは直立二足歩行や草原に出た人間の食性の変化が大脳の肥大化をもたらし、人間の祖先たちに難産という問題が起こったことと関係している。

肥大化した胎児の頭が、母親の産道を通り抜けづらくなってしまった。これは人間の祖先たち、とくにいわゆる原人たちにとっては絶滅の危機となった。大胆に推測すれば、早産するという方法で胎児も母親も生きることを可能にしたグループだけがその危機を乗り越えた。それがわれわれの直接の祖先ホモ・サピエンスである。人間の胎児は約十ヶ月で出産されるが、他の動物と同じ成熟度で生まれるなら二十一ヶ月を要するという。つまり約一年間も早く生まれるわけである。

偶然に獲得した未熟児の早産という習性は、幸か不幸か、ホモ・サピエンスに他の動物とは決定的に違う歴史を歩ませることになった。というのは、脳が未熟で、神経回路網ができていない状態で生まれてきた人間の乳児は、環境からの刺激を受け、少なくとも部分的にはそれに影響されて神経回路網を作るようになったのである。

他の動物は脳の構造も他の器官と同じように、遺伝子によって決定されている先天的なプログラムによって作られるが、人間だけは、乳児期の後天的な経験が作る部分があるということである。

このことが人間の言語の第二の特徴をもたらす。つまり人間の言語は世代から世代へと経験を伝承するための道具になったということである。動物の声は、仲間との間で「伝達」を行なう道具であっても、「伝承」の道具にはなりえない。

人間も猿も犬も、目が二つ、鼻が一つ、耳が二つ、口で物を食べ、尻から排泄し……このような共通性を挙げれば、今日ではだれも私たち人間が動物の一種であることを疑う者はいないだろう。しかし一方では、人間だけがさまざまな人工物を作りだし、今では動物たちの暮らしと遠く離れた暮らしをしている。これは人間が脳の神経回路網として言語を獲得した結果である。人間は言語をもつことによって、現象を個物の集まりとして分別するようになった。はじめはきわめて曖昧で単純な区別であったに違いないが、言語が各世代の創造的な営みの伝承の道具となり、その営みを蓄積し、何万年もの時間を経て、今日私たちが認識しているような複雑な世界像を成立させたのである。

動物の認識や行動はほとんどすべて遺伝子によって決定されている。また後天的に獲得した形質は遺伝しない。したがって動物の世界では、個体は祖先の営み（歴史という言葉を使ってもいい）を受け取ることなく、ゼロから出発して一生の間だけ彼の経験を積みあげる。たしかに獲得形質は人間においても遺伝しないが、人間だけは「獲得した知」を言語という道具を媒介にして伝承し蓄積していくのである。

困難な方法の問題

さて、言語がこのようなものであるとすれば、私たちは思惟によっては存在の実相に至ることはできない。

言語は私たちの乳児期に脳の神経回路網として獲得されるが、それは無自覚的に獲得されるので、「気づいたときには、私たちは言語構造にしたがって、世界を分別して見ていた」のである。記憶もまた分別的な認識の記憶である。したがって、言語構造が人間の長い歴史によって創造されたものであっても、私たちの通常の認識作用においては、「言語以前」は知りえない。

このような理由から、すでに漠然と知っていることを判明にしたり、書物を読んで新たな知識を増やしたり、観察や実験を行なって経験を広げても、実相には到達できない。修行によって分別的な認識を停止し言語の働きを超えるという、仏陀の歩んだ道だけがその可能性をもっていたのである。

科学もまたこの方法の問題を解決できない。科学も分別的な認識であるかぎり言語によって可能になったのであり、科学は厳密な定義に基づく人工言語体系となり、その結果日常言語を超えて一つの厳密な世界像を創りあげるのだが、言語の働きを超えることはできないのである。

言語と無関係に実在世界と出会えないので、私たちは自分が見ている世界の相を、実在そのものの相と思い込み、言語の影響を自覚しない。だれにとっても言語構造と自分が認識している世界像の構造とは同一であり、私たちは言語が実在世界の構造を写し取っていると考えてしまう。

しかしこれは、仏陀が悟った存在の実相に、彼と同じ厳しい修行の過程を経なければ到達できないということではない。

哲学的な思惟も科学も言葉であり、そのかぎり、存在の実相に直接に到達することはできない。言い換えれば、哲学や科学は存在の実相について「実証する」ことはできない。しかし、分別的な認識による科学の成果が、存在の実相を「推測する」手掛かりを与える。諸科学の成果は原理的に到達できない事柄、たとえば人間がどのようにして言語を獲得したかといった問題にも、根拠のない空想的な推測よりも信じるに足る推測をさせる。つまり、第五章で見るように、言語の諸特徴が解明され言語と脳の関係が解明された結果、何万年もの時間を費やした事柄ゆえに、また物的な証拠が残っていない事柄ゆえに、原理的に実証できない言語の形成過程がどのようでなければならないかを論じることができるのである。

一般に、私たちが直接に認識できる事柄Aについての知識から、その出来事と関連するが原理的に直接には認識できない事柄Bについての知識を、「Aが認識されるなら、Bはどのようでなければならないか」という形で、推測によって得ることができる。これは日常的に頻繁に行なわれている推測である。たとえば私たちが他人の死（事柄A）を認識して、自分にも確実に死が訪れること（事柄B）を推測するのもその一つの例である。

これを「超越論的な推測」と名づけよう。私たちが、仏陀が悟った存在の実相に接近ができるのは、この超越論的な推測によってのみである。

仏陀の悟りとはどのようなことか

経典では、仏陀は苦行によっても悟りを得られず、苦行を放棄し、体力を回復させてから、ふたたび禅定を行なって、悟りを開いたという。それで仏教は伝統的に苦行を否定するが、私は仏陀が行なったすさまじい苦行は何の意味もなかったと思わないだけでなく、それがなかったらおそらく悟りもなかっただろうと思う。

悟りは禅定によって開かれたが、肉体がふつうの状態での禅定では悟りに到達しなかった。肉体の、とりわけ言語という色メガネの座である大脳皮質の力を極度に弱める必要があったのではないか。

今日の脳科学では、言語と分別的な認識は大脳皮質のうちで、左脳の神経回路網として存在することが分かっている。そして、長いあいだ禅定の修行をした者は、深い瞑想状態に達すると左脳がほとんど働かなくなることも分かっている。しかし、アーラーラ・カーラーマやウッダカ・ラーマプッタのところで修行し、禅定の達人であった仏陀も、最後の一歩を超えられなかったのではないか。

六年間のすさまじい苦行は、ほとんど死に瀕する状態に仏陀を追い込んだのだと思う。いかなる困難をも厭わない求道心をもっていた仏陀は、その強靭な意志の力で生命を維持していたのであり、ふつうの人間なら死んでしまっただろう。そのような状態での瞑想が、左脳の働きを停止させ、いっとき分別的な認識に現われる世界ではない、もう一つの世界を経験させた。それが悟りの体験ではなかったか。

このもう一つの世界を、右脳が認識する世界というのは言い過ぎであるが、脳科学者のジル・ボルト・テイラーが脳出血の体験を書いた『奇跡の脳』の中で、言語と分別の領域が一時的に機能しなくなったときの世界を、「ニルヴァーナ（涅槃）」と呼んでいることは、一つの示唆を与えているように思う。

仏陀は悟りによって「無上の完全な安穏の安らぎを得た」という。とくに彼の大きな関心事であった死の恐怖について、「自ら死ぬものでありながら、死ぬことのない無上の完全な安穏の安らぎを得た」という。ただしこれは悟りの体験によって仏陀の心にどんな変化が起こったかということであり、悟りの内容ではない。何を悟ってそのような変化が起こったかが問題なのである。

悟りの内容について経典の表現を次の三つに大別できる。第一は、縁起（縁生）を悟ったというもの（律蔵大品一など）、第二は、三明《みょう》（六つの神通力、超能力のうちの三つ、すなわち宿命《しゅくみょう》通・天眼《てんげん》通・漏尽《ろじん》通）を得たというもの（中部経典三十九など）、第三は、四諦《たい》八正道を悟ったというもの（方広大荘厳経など）である。

仏陀は悟りを得たあと、五週間ものあいだ樹下《じゅげ》に座って、解脱の安楽を味わいながら、その内容を整理しようとした。縁起、三明、四諦八正道などは、すべて私たち人間の眼差しに現われる「個物の集まりとしての世界」が、なぜそのようなものとして現われるのかの解明である。これらは、悟りの体験の「結果として」思惟され整理されたことであって、無分別智そのものではない。

菩提樹下の無分別の体験のあとで、仏陀の内省によって最初に了解《りょうげ》されたのは、縁起ということであろう。それは私たち人間が認識しているこの世界の真相を説く言葉として最重要なものであり、それ自体は無分別の智ではないが、その内省を含めて「仏陀は縁起を悟った」というのは妥当であると思う。

六つの神通力は、今日では神秘的な超能力のように解釈されているが、私はこの世の真相を深く知ることによって獲得されるある種の「自由自在」を指すのではないかと思う。三明とは、人間が認識している「個物の集まりである世界」の、過去と未来と現在のあり方を正しく知る知恵であるが、それは縁起の了解によって「我」中心の視座から解放された者のみが得られる知恵である。

また、四諦八正道は、成道《じょうどう》後の仏陀が最初に説法したときの内容であると言われる。ここには他者を悟りに導くための方法が整理されているので、第七章で見るように説法するべきか否かの葛藤のあとで工夫されたものであろう。そしてその内容は、やはり縁起の了解に基づいている。

「もう一つのこの世」——仏陀はいかにして死を超えたか

はじめて死について考えたとき、たいていの人は、死とは肉体が機能しなくなって腐敗分解することであり、同時に「私」がこの世界から消滅することだと思ったのではなかろうか。

そのような思いは、昔から怖ろしいという感情を生んできた。それで、肉体の死によっても消滅しない「私」を想定する考えが、東洋でも西洋でも、世界中で見いだされる。そういう死んでも消滅しないものを、ふつう魂と言っている。魂である私は、肉体が死んだあとでは、この世界とは別次元のあの世（死後の世界）に行ったり、ふたたび別の肉体に宿ってこの世界に生まれ変わったりする。

このように考える人は、現代でも案外多い。ほとんどすべての宗教が魂の存在を説いているし、立花隆氏の『臨死体験』などを読むと、特定の宗教を信じていない人も、また科学的な世界観をもっている人でも、死後に別の世界に往く「私」の存在を信じている人が結構いるようである。魂や死後の世界など信じていない人が、臨死体験のときには死後の世界をかいま見る。これは表面的な意識のレベルでは「死は私の消滅である」と考えている人も、深層意識では消滅を怖れ、不滅の霊魂という教説を信じているということではないかと思う。

仏陀は「死は私の消滅である」という考えも、「肉体が死んでも消滅しない魂がある」という考えも否定し、いわば第三の考えを教えている。死を怖れる人たちにとっては、霊魂や死後の世界を説く教説は、信じさえすれば深く考えないですむ解決方法であり、修行もいらない解決方法である。それで、仏教も世間に流布していくうちに歪められて、そうした教説の一つになってしまうのだが、それは歪曲であって仏陀の教えではない。

私たち人間は言語に支配された眼差しで、分別的な認識をする。その認識作用に現われる世界を「人間のこの世」と名づければ、仏陀は言語の支配から解放され、分別的な認識を停止し、「もう一つのこの世」を経験したのである。これが悟りと言われる体験である。

言語は分別の道具であるから、「もう一つのこの世」は言語による描写ができないが、仏教の経典では一如《にょ》、空、無相《むそう》などいろいろな言葉で、そのあり方を表現しようとしている。簡単に言えば、一如とは、「ありのままのあり方では世界は全体として一つである」ということであり、空とは、「個物はそれ自身で区別されているのではない」ということであり、無相とは「言葉で指し示すような形を持たない」ということである。つまり、これらの言葉はすべて、個物の集まりである世界は、存在の実相ではなく、私たち人間が認識作用においてそのように見てしまうことを示している。

また仏陀は彼の悟りの体験から、分別的な認識作用が人間の歴史によって作りだされたものであることを知った。個物の集まりとして分別することが、たとえばイマヌエル・カントの先天的なカテゴリーという考えのように、人間が先天的な制約としてもっている認識の仕方であるならば、仏陀が「もう一つのこの世」を体験することはありえない。それゆえに仏教では、分別的な認識に現われる「人間のこの世」は有為《うい》つまり作られたものであり、「もう一つのこの世」こそ無為自然《むいじねん》つまりありのままのあり方であるという。

しかし、注意しておきたいのは、仏陀が悟った「もう一つのこの世」だけが現実の世界で、私たちの分別的な認識に現われる「人間のこの世」は幻だ、虚構だというのではない。この誤解も仏教の歴史のなかにしばしば見られるが、この分別的な世界は、犬には犬の世界があり、昆虫には昆虫の世界があるように、私たち人間がもつようになった世界の見方であって、私たち人間にとってはたしかに現実の世界である。ただ人間の世界の見方は、大脳の肥大と胎児の早産という歴史的な出来事、多分に偶然的な出来事の結果、人間がもつようになった有為なるものだということである。

人間もまた動物の一種でありながら、言語を獲得し、分別的な認識の仕方を獲得したために、本能の世界から脱して、何万年ものあいだに人間は他の動物とまったく異なった世界を作りあげた。ひと言で言えば文明世界を作りあげた。自動車、テレビ、コンピューターなどのたくさんの機械、人間の寿命をほとんど倍の長さにした医療技術、原子爆弾や宇宙ロケット、遺伝子組み換え技術など、身の回りを見れば動物の暮らしと遠く離れた人間の暮らしに驚くばかりであるが、こうした変化は良いことも悪いことも言えない。根本的には価値判断を超えた事柄である。

この認識の仕方は文明世界を作っただけでなく、私と他者を区別し、我欲を生みだし、我欲がぶつかり合う弱肉強食の世界を作った。戦争をやって何万人もの人々が殺しあうのも人間だけだし、必要もないのに他の動植物を殺しているのも人間だけである。そしてまた、我欲は「私の死を怖れる」という辛い感情も生みだしたのである。だから仏陀は、「もう一つのこの世に気づけ」と言っているのだと思う。

仏教では、悟りを開いた仏陀は色身《しきしん》と法身《ほっしん》と二重の存在になったと説いている。つまり開悟のあとの仏陀も、日常生活では言葉を用いて分別的な認識をするわけで、「人間のこの世」を生きている。肉体を持った個人として生きている。その仏陀を色身という。しかし悟りの体験においては、仏陀は一如、空、無相の世界、つまり「もう一つのこの世」と一体であった。この仏陀を法身という。色身とは個物（色）として身体を持つ者という意味であり、法身とは真理（法）を身体としている者という意味である。

「もう一つのこの世」を意志の弱い私たちが体験するのは難しい。しかし仏陀の悟りは神の啓示を受けたとか、死後の世界をかいま見たというような神秘的な事柄ではなく、言語に支配された脳を解放して、分別的な認識に現われる世界ではない「もう一つのこの世」に「気づいた」ということである。いまだ気づいていない人も、同じ状況を生きているのである。仏教ではそのような私たちにとっての「もう一つのこの世」を仏性とか如来蔵と言っている。大乗の『涅槃経』が説く「一切衆生悉有《しつう》仏性」とは、すべての人間が「人間のこの世」を生きているのと同時に「もう一つのこの世」も生きているということだろう。たとえば如来蔵を説く『不増不減経』では、私たち人間にとっては、如来蔵は煩悩で覆われているので体験できないけれども、その覆いを脱ぎ捨てた者が仏陀であると説いている。

私たちはみな「人間のこの世」と「もう一つのこの世」と、二つの世界を生きているのである。より正確に言えば、この世はもちろん一つであるが、二つの見方によって、ふた通りに現われるのである。

二つの認識の仕方と言っても、スイッチを入れ替えるように、簡単に両方を体験できるようなものではない。むしろ強い求道心と不屈の意志力に恵まれた者でなければほとんど不可能と言ったほうがよい。私たちは赤ん坊のときに無自覚的に言語を身につける。しかもそれを脳の構造として身につけてしまうので、ふつうは人間の分別的な認識を超えることはできない。しかし仏陀の悟りによって、「だれにとっても」その分別的な認識が唯一でないことが知られたのである。「人間のこの世」では、命の世界は残酷で悲しいものである。命は他の命を殺して食べなければ生きていけない。また命は次から次へと生まれては、あるいは食べられて、あるいは年老いて死んでいく。しかしその同じ現象が、分別的な認識の仕方から解放された「もう一つのこの世」では、命もまた無差別一如であり、全体として一つの命の内部の活動にすぎない。たとえば私たちの体の中を血液がめぐっていくように、命は命を食べて糧とし、栄養が循環していくのである。また老化した皮膚が垢となって剝げ落ち、新しい皮膚が再生するように、命の部分である私たち個人は年老いて死んでいくのである。

かくて「もう一つのこの世」では、『般若心経』が説くように、「私」と見える個体が生まれることもなく、滅することもなく、「私」の死によって命が増えることもなく、減ることもない。このように知って、仏陀は死を超えたのである。またそれゆえに、仏陀は「我欲にまみれて個体同士が弱肉強食の争いをするのは、命の必然ではない。我欲を制御して平和に生きよ」と説いたのである。

この章では仏陀の悟りをかなり独断的に論じたが、次章以下では言語学など諸科学の成果を利用し、仏教の術語を用いずに「超越論的な推測」によって、ここに述べた内容をより詳細に論じたい。

第三章　言語とは何か

第二章の素描では、「死ぬのが怖ろしい」という思いは私たち人間に特徴的な分別的な認識と関わっており、その分別的な認識は人間だけがもっている言語と関わっていると述べた。この点について、私は『ことばの無明』で詳しく論じたのであるが、拙著は哲学的な訓練をしていない人にとっては多分に難解であり、また現在では入手が困難なので、一般の人たちにできるだけ解りやすく述べておきたい（より厳密な議論を望む方は、拙著を参照していただきたい）。

とはいえ、第三章と第四章は、とても微妙で難しいことを述べようとしているので、読者はどうか途中で放棄せずに最後まで読んでいただきたい。認識と言語について私たちはあまりにも根強い固定観念をもっているので、仏陀の死後二千年以上も経つが、仏陀の教えを理解した者は数少ない。

常識的な言語観「反映論」とその批判

言語はふつう「表現と伝達の手段である」と考えられている。私の経験、つまり見たり感じたり考えたりした内容は、私の頭の中にあるので、私だけのものであって、他人は触れることができない。それを私たちは表情や身振りで表に現わしたり、絵や言葉で表に現わしたりする。そうすると私だけのものであった経験が、他人が触れられるものとなり、伝達が可能になる。

このように頭の中にあるものを表に現わす仕方はさまざまで、人間の一切の活動が表現であると言えるが、言語はとりわけ便利な手段であると考えられてきた。言語は頭の良し悪しに関わらず人間ならだれでも用いることができるし、他の手段に比べて、複雑な事柄を誤解が少なく伝達できると考えられてきたのである。

このような言語観は、実は「私たちの認識とはどのようなことか」についての一つの信念と結びついている。私たちは、「この世界は無数の個物が集まってできている」と見ている。私たちの目の前には、山があり川があり、さまざまな草や木があり、さまざまな虫がおり、犬・猫・牛などの動物がおり、そうした個物の一つとして私たち人間もいる。なぜそのように見えるのだろうか。多くの人は、「そんなこと、あたりまえじゃないか。そのようなものとして世界があるからだ」と言うだろう。つまり、無数の個物の集まりである世界は、私たちの認識作用と無関係に客観的に実在し、私たちは眼などの感覚器官を用いて世界の一部分を「鏡が物の姿を映すように」頭の中に写し取る。それが認識作用であると信じている。私もあなたも同じ世界の中に生きているのだから、正常な感覚器官を持っているなら、私が写し取っている世界の像も、あなたが写し取っている世界の像も同じはずだが、それは直接には確かめられない。そこで認識の内容をさらに言語で写し取って表に現わす。言語表現が互いに理解され極端な食い違いが起こらないとき、その自然さを通して、私たちは同じ世界に生きていることを確認し合っているのである。

このような考えを「反映論」と言っている。この言語観では、「個物の集まりであるこの世界は複雑な構造をもっている。その一部分の形（形相）を認識内容の形（形相）が写し取り、さらに言葉の形（形相）が写し取る」と考えているからである。

東洋ではインド人たちが早くから反映論を批判してきた。第二章で述べたように、インド人たちは禅定や苦行を重視してきたが、それは、感覚も言語も実在世界自身の有りよう（実相）を正しく写し取っていないと考えたからである。仏教だけでなく、バラモン教でも言語が介入する前の直覚こそ実相に触れていると考える人たちがいたし、文法学派といわれる言語哲学者の中には、バルトリハリのように個物の集まりである世界よりも言語のほうが先にあると主張した人もいる。仏陀は彼の悟りの体験から、実在世界の実相は個物の集まりではなく無差別なものであると説いていた。また、とりわけ大乗仏教を哲学的に基礎づけた龍樹（ナーガルジュナ）は、私たちの感覚が写し取っていると思い込んでいる世界の相は、実は認識行為において、私たちのほうが押しつけるもので、言語に基づいて構想されたものにすぎないと言っている。

一方西洋では十九世紀まで反映論一色であったが、それに対する疑いや批判は次のようにして起こった。

技術の発達が世界の距離を短くし、十六世紀ごろから、それまでは長いあいだほとんど独自に発達してきた諸文化の接触と交流が本格的に始まった。コロンブスとバスコ・ダ・ガマに始まるこの接触・交流は、人々がふつうに考えているよりもずっと大きな意味をもっている。経済的には西洋人による世界支配が進んだが、それと並行して主に西洋人が世界中の異文化を研究するようになった。その結果多くの分野で学問の発達がみられたが、ここではとくに認識論に与えた影響について考えてみよう。

学者たちは、それまでは一つの文化、一つの言語のなかで、彼の経験について考え、さまざまな事象について思索してきた。それゆえに、彼の言語が彼の認識に影響し、彼の世界像を規定しているとしても、そのような言語の役割を解明することはできなかった。仏陀が行なったような厳しい修行によって言語の支配から解放されないかぎりは、彼の思索は、言語の働きの内に閉じ込められているからである。しかし、異文化・異言語と出会い、それを深く理解できるようになると、その閉鎖性を抜けでてさまざまな世界認識を見わたす視点へ、ある種の飛躍ができるようになったのである。

もう少し具体的・歴史的に見てみよう。異文化との交流によって、十八世紀から十九世紀にかけて西洋には比較言語学、民俗誌学、比較思想など、さまざまな「比較の学」が起こった。暴力で勝っている西洋人は、はじめ自分たちの文化が卓越したものであると考えたから、それらの比較の学は西洋文化を中心に据えた独善的なものだった。つまり、「西洋の文化はもっとも発達した文化であり、実在世界のあり方をもっとも厳密に写し取る知識のうえに成り立っている。いろいろな発達段階にある異文化の研究は、西洋文化の過去の発達過程を知るために資料を与えてくれるだろう」という目論見《もくろみ》からなされたのである。比較言語学は発達が遅れている他の言語を調べて、ヨーロッパ語の発達史を実証的に再構成しようとする歴史学であったし、民俗誌学は文字を持たない文化を「原始文化」と見なして、それをモデルに西洋文化の先史時代を再構成しようとした。また思想の面でも、インドや中国の思想が流行のように研究されたが、その意義は「発達した西洋思想に一つの新鮮な刺激を与える」というほどにしか認められていなかったと言えよう。

しかし十九世紀から二十世紀にかけて、異文化の深い理解ができるようになると、そのような視点の根本的な過《あやま》ちが指摘され始める。たとえばアメリカの言語学者サピアは一九二一年に次のように言っている。

「組織された言語を持たない人々を見いだすことはできない。南アフリカのブッシュマンの最も未開な（と言われる）者の言語も、非常に豊かな表現の諸形式において言い現されており、その本質において一人の教養あるフランス人の言語と完全に比較されうる」（エドワード・サピア『言語』）。

異文化の深い理解から「それぞれの文化は一つの体系として、内側から研究されなければならない」と主張されるようになった。そして、さまざまな体系の構造を記述し、その差異性と類似性を明らかにして、より普遍的な知識に到達しようとする新しい比較の学が起こってきた。この新しい比較の学の方法をはじめて規定したのは、構造主義の祖と言われるフェルディナン・ド・ソシュールであるが、彼の主張についてはもう少しあとで述べる。

優れた人類学者であり比較言語学者であったベンジャミン・リー・ウォーフは、アメリカ・インディアンの言語とヨーロッパ語を比較研究した結果、「表現が違うのは客観的な事実が異なるからである」という反映論の信念を否定して、次のように主張するに至ったのである。

「我々は母国語によって引かれた線に従って自然を分割する。諸現象の世界から我々が分離する諸範疇と型とは、観察者の知覚にまず自らを提示し、そのようなものとして自己を見いだすのではない。そうではなくて、世界は我々に諸印象の万華鏡の流れのようなものとして自己を現し、それをまず我々の精神が組織化しなければならないのである。そして我々が類化するのは、大部分は言語の体系のおかげである。我々は自然についてのある種の方法的分割を行い、自然を諸概念に組織し、自然にさまざまな意味を付与する。そういうことができるのは、我々の世界の見方を規定する一つの規約――我々の所属する言語共同体によって承認され、我々の民族語の諸パターンの中に記号化されている規約――によってである」（ウォーフ『言語・思考・現実』）。

この画期的な洞察は残念なことに正しく評価されなかった。「個物の集まりである実在世界が、私たちが認識する前に、認識の対象として存在する」という固定観念は根強く、ウォーフの主張はあとに続く言語学者たちによって薄められ、つまらないものにされてしまうのである。

右のウォーフの言葉にはいくつかの注意が必要であるが、私が『ことばの無明』で主張した言語観は、基本的にこのウォーフの言語観と似たものである。

注意するべき第一は、「世界は我々に諸印象の万華鏡の流れのようなものとして自己を現し」という箇所である。仏陀は言語の支配を超えて、実在世界の有りようが無差別であることを悟ったが、それは私たちには困難であり、ウォーフの言葉は直接に経験された世界の描写とは考えられない。これは第二章第二節で定義した「超越論的な推測」の表現である。ただ、前述のジル・ボルト・テイラーの『奇跡の脳』で、彼女が脳内出血をしたときに経験した世界の描写が、よく似ていることにも注意しておきたい。彼女が障害を負ったのは左脳の、言語と物の区別に関わる場所であった。

「わたしの意識は覚醒していました。そして、流れのなかにいるのを感じています。目に見える世界の全てが、混ざり合っていました。そしてエネルギーを放つ全ての粒々と共に、わたしたちの全てが群れをなしてひとつになり、流れています。ものとものあいだの境界線はわかりません」(『奇跡の脳』)。

第二に、「規約」という言葉は誤解を生みやすいが、ウォーフが規約と言っているのは、「世界を区画構成する仕方が先天的に決められているのではない」という意味であって、「言語共同体(民族)の恣意的な取り決めによって作られる」という意味ではない。この規約は、民族の少なくとも数万年にわたる歴史を通じて実現され、各個人にとっては、幼児期に無自覚的に身につけるので、恣意的どころか自由のない制約(否応ない選択)という性格をもつ。

ここではウォーフの結論の部分のみを引用したが、彼がこのような結論に至る議論は、次のような三段論法に要約できるだろう。

㈠ 各個人の言語体系の構造と、彼が認識する世界像の構造とは相同であって、私たちはだれも両者の間にズレを感じない。

㈡ 諸民族語の構造は、お互いに同一でなく、多くの差異性が見いだせる。

㈢ したがって、諸民族が認識している世界像は同一ではなく、言語構造の差異に応じて異なっていると推測せざるをえない。

このことを左のように図式化して説明すると解りやすいのではないかと思う。

図で「実在」と言ったものは、存在・宇宙・世界などと言い換えてもよい。私たちがそのなかに生きており、私たちの感覚器官がそこに向かって開かれている場のことである。この相貌はだれにとっても同一であると考える。これを否定すれば議論が客観性を失い独我論に陥る。

図1は常識的な反映論の考えを図式化したものである。反映論によれば、認識や言語の違いは次のようなものである。民族語Aをもつ人は、そこに四つの対象を見て、a・b・c・dの語で表現する。一方民族語Bをもつ人も基本的には同じように世界を認識する。つまり、そこに四つの対象を見てo・p・q・rの語で表現する。言語化される前の認識内容は同一である。また民族語の違いは、同一の対象をaと呼ぶかoと呼ぶかの違いである。ところでもし民族語Bが民族

語Aより文化的に発達した言語であるとすると、Bでは実在の相貌はより厳密に写し取られる。つまりたとえばo・p・q・rに共通な部分が理解され、それらを表現するs・t・uの語もあ

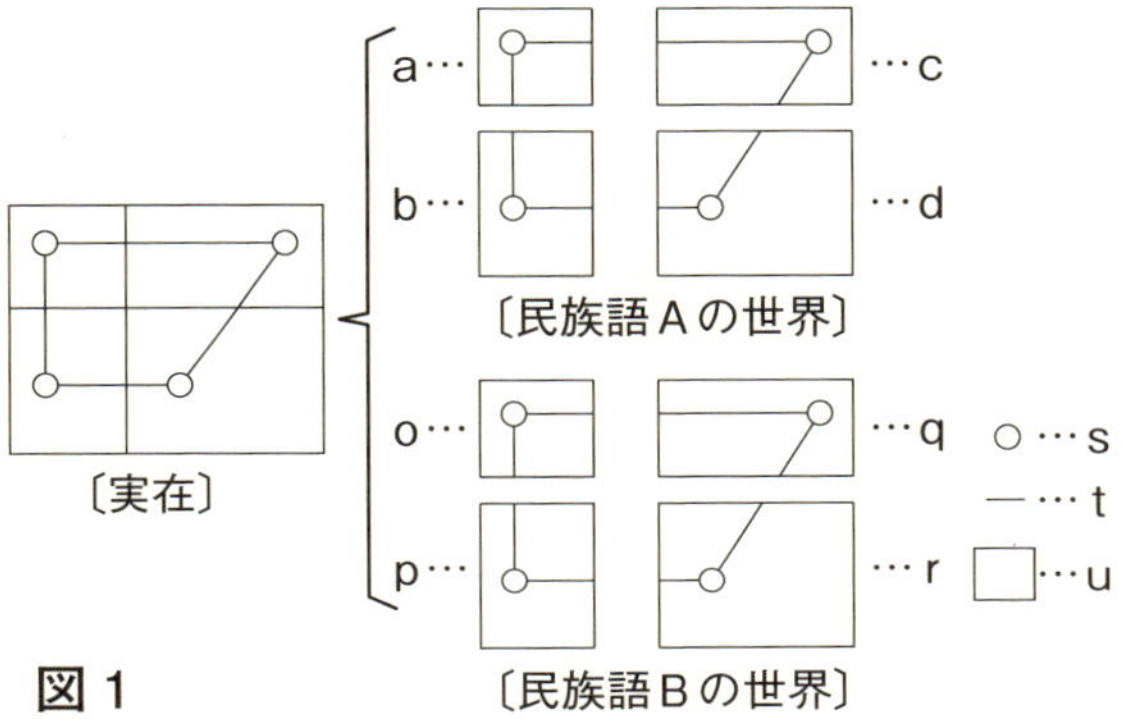

図1

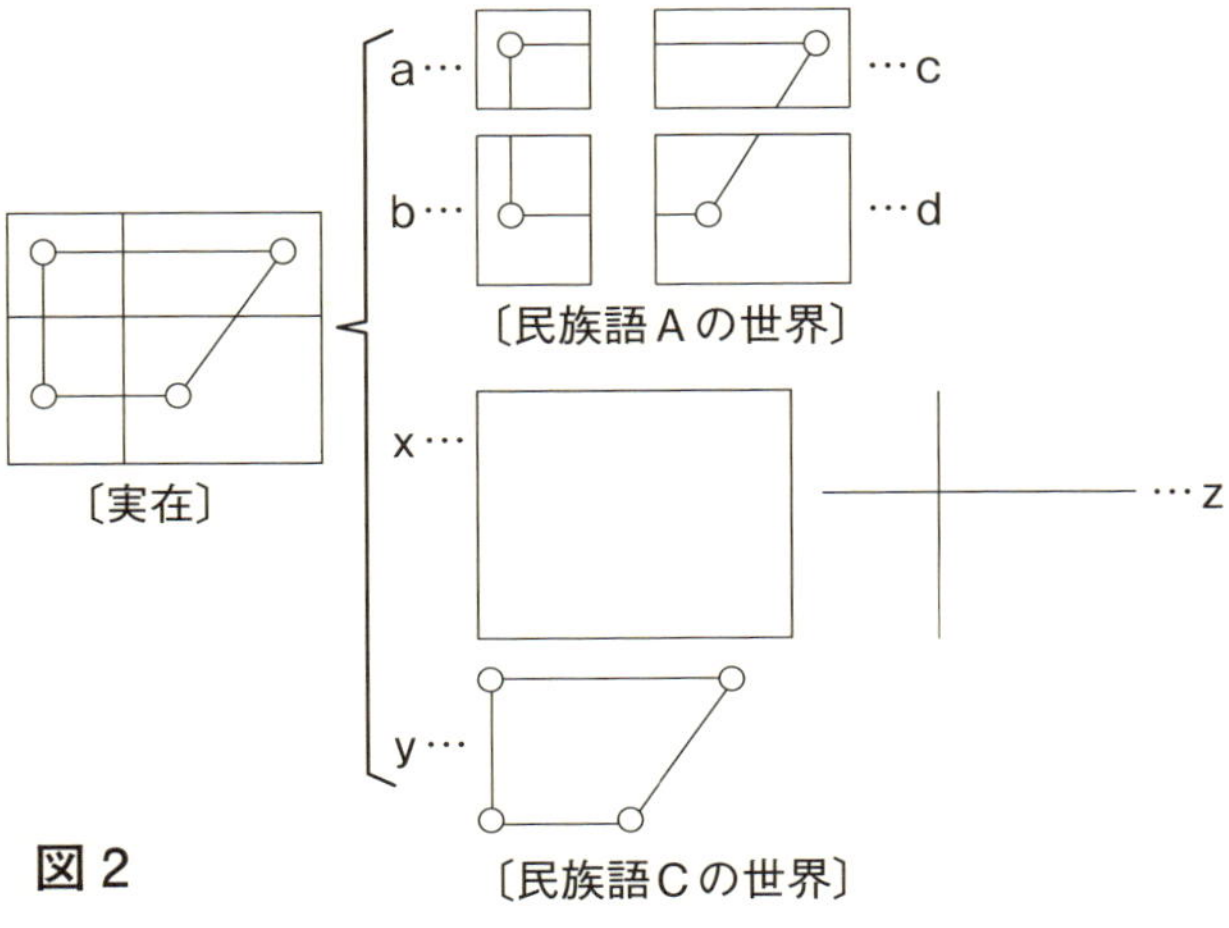

図2

ることになる。この分野で文化的に遅れている民族語Aではｓ・ｔ・ｕは翻訳できない。それで、文化の交流によってそのような理解の仕方を取り入れる場合には、新しい語を発明したり、ｓ・ｔ・ｕを外来語として加えたりしなければならない。

同じ民族語から派生したフランス語と英語を比較するときは、右のような違いとして理解されるだろう。しかし民族語の本質的な違いはそのようなものではない。図2で示すように、民族語Aをもつ人は、そこに「四つの対象がくっついている」と見るが、民族語Cをもつ人は「三つの対象が重なっている」と見る。これが民族語の構造の違いの本質であって、語の置き換えによって翻訳することは不可能なのである。

ところで、民族語Aをもつ人の世界像、この場合四つの対象の相互の関係と、彼の言語構造つまり四つの語ａ・ｂ・ｃ・ｄの相互の関係は相同である。また彼は実在に出会うときに、同時に無自覚的に、そこに四つの対象があると見てしまう。そのために彼は自ら区別した世界像のあり方を、実在それ自身のあり方と見誤ってしまうのである。この事情は民族語Cをもつ人にとっても同様である。しかし二人の言語構造を重ね合わせて比較するとき、彼らの世界像の違い、つまり「実在の同一の相貌の違った理解」が明らかになり、またそれゆえに、私たちの認識は実在を言語の体系に基づいて体系的に区別する行為であることが明らかになるのである。

これがウォーフの結論である。この三段論法を納得するための一番の困難は、諸民族語の構造の差異性をどのようなものと考えるかという点だろう。彼はアメリカ・インディアンの言語、とくにホピ族の言語の研究者だった。インディアンの社会は数万年のあいだ他の大陸と交流がない状態で発展したと考えられ、彼らの言語の構造はヨーロッパ語の構造と著しい差異性が感じられるものだった。ウォーフはヨーロッパ語の構造が「物理的」であるのに対して、ホピ語の構造は「化学的」であると形容している。ａ・ｂの溶液を混ぜ合わせると、ｃが生成されるように、文の意味が了解されていくというのである。ウォーフの著書から一例を挙げれば、「二股になっている木の枝があり、私がその一方を引っ張って広げる」という事柄と、「私の足に指が一本多くある」という事柄とが、ホピ語では語尾が異なるだけの似た文で表現されるという。つまり私たちには類似性を感じられないこの二つの事柄は、ホピ族の人々にとってはよく似たことだということである。

このような極端な例でなくとも、私たちが外国語を習うときに対象の区別の仕方が異なることをしばしば経験する。私がフランスに住んでいたとき、友人の故郷である中部フランスの田舎を訪れ、一週間ほど滞在した。そのときの体験であるが、友人の五歳になる娘と田舎道を散歩していると、彼女が「おじさん、ほら牝牛がいるよ」と指差したのである。言われた私は、はじめて「あれは牝牛か」と気づいたのだが、同時に五歳の子がどうして牝牛だと区別できるのかと疑問に思った。深く考えるまでもなく疑問は解けた。フランス語には「牛」に当たる語がない。牝牛の「ヴァッシュ」と去勢されて肉用に育てられる牡牛の「ブフ」と種牛の「トロー」があるが、それらをひとまとめにする語はない、それでフランス人は必ず区別して見ることになるのである。

私たち日本人は、畜産などに関わる人を除けば、あれを「牛だ」と見て、けっして「牝牛だ」とは見ないだろうが、フランス人は牡牛ではなく牝牛だと見る。私は最初、区別しなければならないのは不便ではないかと思ったが、そんなことはない。私たちが遠くに「牛のようなもの」を見るように、はっきり分かるまで、彼らは「牝牛のようなもの」を見るのである。またたとえば「牛が荷車を引っ張る」という文を作るときは、彼らはたいてい「ブフ」のほうを用いる。「ブフ」は力強いものという意味をもっており、「ヴァッシュ」を使えば、乳を搾るための牛が、役牛に使われているという特殊な状況を意味することになるからである。

ここではこれ以上の例を挙げないが、色の区別が同じ境界をもっていないことなど、このような違いはたくさんある。

本章ではウォーフの結論が正しいことを、さらに一般言語学が明らかにした「言語の普遍的な特徴」から示したい。

言語の普遍的な特徴

一般言語学が明らかにした人間の言語の特徴はいろいろあるが、ここでは本書の議論にとって重要な四つの特徴について述べる。

(一) 示差的価値——体系であるとはどういうことか

異文化の深い理解から、「それぞれの文化はヨーロッパの視点からではなく、一つの体系として内側から研究されなければならない」と主張されるようになった。そして、さまざまな体系の構造を記述し、差異性や類似性を明らかにして、より普遍的な知識に到達しようとする新しい比較の学が起こってきた。構造主義といわれるこの新しい思潮の先鞭をつけたのは言語学であり、フェルディナン・ド・ソシュールである。彼は諸言語の体系を比較した結果、次のように主張した。

「一つの語を単に一定の音と一定の概念の結合体と見なすのは重大な過ちである。そのように定義することは、その用語が部分をなす体系から、その用語を誤って抽象的に切り離し、孤立させてしまうことである。つまり、体系が含む諸要素を分析によって得るためには、それらの相互依存性から出発しなければならないのに、それとは逆に諸要素から始めて、その和をなすことによって体系を構成できると信じてしまうことである」(『一般言語学講義』)。

ふつう私たちは「ウシ」という音は、牛の概念を指し示しており、それが「ウシ」の意味であると考える。そして「ウマ」「ブタ」「イヌ」などたくさんの言葉が集まって日本語の体系を作ると考えている。しかし実際には「ウシ」という言葉は、「ウマ」「ブタ」「イヌ」などの言葉がなければ存在しない。なぜなら「ウシ」は「ウマ」や「ブタ」や「イヌ」などではないことによって、そしてそれらと一定の関係をもつことによって、はじめて牛を指し示すことができるからである。もしこの世界に「ウマ」「ブタ」「イヌ」などの言葉で指し示す対象が存在しないとしたら、「ウシ」という言葉は必要ないし生まれない。つまりこれらの言葉は体系をなしており体系の成立とその要素の成立は同時であって、体系は要素の和として成立するのではない。

ソシュールは体系という言葉の意味を説明するために、一度ならず言語の体系とチェス遊びとを類比している。体系であることを考慮せずに要素を取りあげれば、チェスの駒はただの木片であり、言葉はただの音の形である。各要素は他の諸要素とともに作っている一つの体系において、それが占める固有の位置によって、チェスの駒としての、あるいは言葉としての価値（意味と言ってもよい）をもつ。価値とは、その要素が体系のなかで帯びることになる他の要素とのさまざまな関係（とくに差異を示す関係、ソシュールはこれを「ヴァルール　ディフェランシエル〔示差的価値〕」と名づけている）であって、要素自身の内にあるものではないのである。このことは、たとえばチェスの駒の一つを紛失したとき、一枚のコインで代用できることで解るだろう。そのときコインはチェスの駒としての価値（示差的価値）を帯びるのであって、代用したもの自身がどのようなものかは問題でなくなるのである。

私たちがある言葉を聞いて、「その意味が解る」ということは、単にこの言葉が指し示す対象や事態のイメージを思い浮かべられるということではなく、その言葉が帯びているさまざまな示差的関係を「暗黙のうちに（アンプリシットに）」、必要とあればその一部分を「明示的に（エクスプリシットに）」了解するということである（西洋語にあるこの「アンプリシット」「エクスプリシット」という一対の語は、言葉を聞いたときに頭の中で起こる理解を表現するのに都合がよいが、日本語では一対の語として翻訳するのが難しい）。

さて、ソシュールは彼の『一般言語学講義』では、「他の諸科学では、前もって与えられている対象をいろいろな視点から考慮する」が、言語学の領域ではどのような体系においてみるかという視点の違いで対象は異なった示差的価値を帯びることになるので、「対象を創造するのが視点であるかのようである」と言って、実在世界を対象とする物理学のような科学と、人間が創造した言語を対象とする言語学とを区別している。つまり、認識論においてソシュールは「個物の集まりである実在世界」を私たちの感性が鏡のように写し取るという反映論を否定していないのであるが、彼の示差的価値という考えは、物事の意味や価値に関してコペルニクス的な転回を要求するものである。

私たちが認識する対象が、いかなる体系にも属さずに孤立的に存在することはないので、この価値（意味）についての定義は、私たちが認識するすべての対象について当てはまる。

たとえばここに十円硬貨があるとしよう。それの価値は一円硬貨の十倍、千円札の百分の一であり、またたとえば公衆電話の投入口に入れると通話できることである。その価値は私たちがそれを十円硬貨として、つまり貨幣の体系や、貨幣と経済の体系において認識したために了解されたのであって、それ自身の内にあるのではない。私は同じ場所に銅の合金を見いだすこともある。その場合には金属の体系において、金や銀や鉄ではないものとして、それらとの示差的関係が了解される。つまり黄褐色の色や、鉄鋼と比べたときの柔らかさや、電導性の高さなどである。

私はまたそれをライターのネジを回すためのものとして、道具の体系において見いだすし、将棋をしているときに一歩を紛失したのでその代わりに使うならば、将棋という体系のなかで玉や飛車や金などではなく、それらと一定の関係をもつものとして見いだすのである。それは本来は十円硬貨であるが、たまたまネジ回しや歩として代用されることもある、というのは正しくない。たしかに私たちは、よりしばしばそれを貨幣の体系のなかで見いだし、道具の体系において見いだすことはほとんどない。それで代用というのであるが、実は頻度の違いでしかないのである。

したがって、言葉の意味だけでなく、私たちが認識する対象や事態の意味についても次のように言えよう。つまり、私たちがある対象や事態を認識して、「その意味が解る」ということは、その対象や事態が帯びているさまざまな示差的関係を暗黙のうちに（アンプリシットに）、必要とあればその一部分を明示的に（エクスプリシットに）、了解するということである。

たとえば「あそこに牛がいる」と見るとき、私たちはそこに「命のあるもの」「動くもの」を見いだしたり、「人間でない」、「犬でない」、「大型の四足の動物であっても馬ではない」「豚ではない」ことを了解したり、彼の言語的な知識となっている体験にしたがって、「ミルク」「ステーキ」「牛耕」「牛車」「闘牛士」などとの関係を了解したりする。それが対象「牛」の意味である（「牛」が了解させる関係は、「差異を示す関係」だけでなく、いくらでも広がり多種多様であるが、すべてを「示差的関係」と呼ぶことにする）。

「個物の集まりである世界」が認識作用と無関係に実在するという考えを信じて疑わない私たちは、対象の意味（価値）がその対象自体にあると考える。たとえば「私とは何なのか」「私はなぜ存在するのか」と問うとき、私たちは他の諸対象との関係ではなく、「私」自体の意味を問おうとする。「私」の意味とは、私に付着している何かなのか。私を創った造物主があるとして、彼が私の存在に込めた意図なのか。しかしそのようなものを探し求めても、得られないのは当然である。意味（価値）とは、相互依存的に体系をなす他の諸対象との示差的な関係であって、それ以外のものではないからである。

第一章で述べたように、青年時代の私は、「私はなぜあるのか」「世界はなぜあるのか」という問いのほうに疑念をもたずに、世界の沈黙に出会って虚無に陥ったが、それは問いのほうが間違っていたのだ。意味とは現象を体系的に分けた結果として、他の要素との間に帯びることになるさまざまな関係としてはじめて「生じる」ものであり、そうした関係を捨象《しゃしょう》して意味を問うことが間違いなのである。

歴史を振り返れば古今東西に、この世界の存在の意味を説き教えるさまざまな形而上学的な教説、あるいは宗教的な教説が生まれたが、それらはみなこの過ちを犯している。だからそれらが説く意味は認識の対象ではなく信仰の対象でしかないことになる。この誤解に気づかないと、仏陀の教えも信仰の対象になってしまったり、ニヒリズムの一つと思われかねないが、仏陀はすでにそうした教説に対して、「これはこれ無記なり」と言って退けている。無記とは、「議論の前提が間違っているので、私は同じ土俵には上がらない」という指摘である。

本書が明らかにしようとするのは、個物の存在もその意味も、われわれ人間に固有な分別的な認識によって「生じる」ということである。それを仏陀は「縁生（縁起によって生じる）」と言う。繰りかえすが、意味は私たちが世界を一つの体系として区別するときにはじめて生じるものなのだ。体系的な区別によらず、もし対象がそれ自身で自立して存在するならば、その対象は意味を持たないことになる。さらに言えば、この世界を構成している無数の個物が、何の意味もなく林立しているとは、実に奇妙な世界である。個物は体系的な区別によって成立すると考えなければならないであろう。

これを仏教では「無自性《じしょう》空」という。体系と示差的な意味という考えはソシュールの独創ではなく、実は二千年以上も前から仏教が説いていることであり、仏教の洞察はさらに深い。自性とは、対象が「それ自身で何であるか」ということである。他のものとの関係ではなく「対象それ自身がもつ意味」と言ってもよい。それを求める眼差しに現われるのは、世界の沈黙であり、虚無の深淵である。自性を考えることが誤りであることを指して、龍樹は「無自性空」と言っている。そして彼は、この意味のある世界つまり「人間のこの世」は、諸物が無自性なるがゆえに成立しうるのだと説いている（『中論』）。

(二) 言語の恣意性についての議論

人間の言語が恣意的に作られたものか否かという議論は、古くからあって、古代ギリシャにまでさかのぼる。たとえば牛という対象は、日本語では「ウシ」、フランス語では「ブフ（牡牛）」または「ヴァッシュ（牝牛）」、サンスクリット語では「ゴー」と呼ばれる。同一の対象が互いに似ていない音の形で示されるのであるから、言語記号とそれが示す対象のあいだには自然な関係がない。言語記号は人間集団の規約によって恣意的に作られるというのが、規約主義の主張だった。

ソシュールは彼の学問的な仕事の最終期になって、言語記号は「意味するもの（スィニフィアン）」と「意味されるもの（スィニフィエ）」との複合体であるという考えを採用し、前者は「音の形」であり、後者は外界に存在する対象とは区別される、頭の中にある「概念」であるとした。

そして彼は、一方ではスィニフィアンとスィニフィエは「一枚の紙の表裏のように密接な統一体である」としながら、他方では「両者の結合関係は任意であり、そこに言語の恣意性がある」と主張した。この矛盾しているような記述が、その後のいろいろな解釈を生んだのであるが、ここにはソシュールの思想が触れている、認識論上の重大な問題が含まれている。

ソシュールは「実在世界は個物の集まりである」という反映論の信念を最後まで否定しなかったが、比較言語学の成果から、「民族語の構造はそれぞれ異なっているので、実在世界のあり方（構造）を一様に写し取っているのではない」と認めざるをえなかった。一方私たちは、各民族の人々は民族語によって「意味される」その民族に固有の世界像をもっていることも認めざるをえない。そこで、だれにとっても同一なはずの実在世界のあり方と、民族ごとに異なっている世界像の両者を認めるために、言語と実在世界のあいだに「概念の世界」が存在すると考え、それが言語によって「意味されるもの」であるとしたのだと思われる。

しかし、概念という言葉は昔からよく使われている言葉でありながら、何を指すのかよく解らないものである。

スィニフィアン「ウシ」が頭の中に想起されるとき、同時にその音の形とは別の「概念」なるものが想起されているだろうか。日常的には「牛の概念」という言い方をしているが、それは「ウシという言葉の意味」というのに等しいだろう。そして私たちは、必要ならば牛のイメージを想起できるけれども、ふつうは頭の中には音の形だけがあり、先に述べたように、その語のさまざまな示差的関係がアンプリシットに了解されているのである。したがって「概念」という語を有意味《ゆういみ》に活かすならば、それは「言葉が帯びている示差的関係（示差的な意味）である」とするべきである。

しかし、ソシュールの言う「言葉と実在世界の中間にあるスィニフィエという心の中の存在」は認めがたいが、示差的な意味とは別に言語が「意味するもの」としてスィニフィエという対象を考えることは誤りではない。言うまでもなく言語には現実の世界を「指し示す」という働きがある。たとえば「父が倒れて入院した」という言葉は、「父」や「倒れる」や「入院」が言語についての体系的な知のなかで帯びている示差的な意味を了解させるだけでなく、現実のある事態を指し示す。それによって人はある行動を選ぶのであって、現実の世界との関係を持たなければ、言語は生まれない。一般の人の素朴な考えでは、音の形である言葉（スィニフィアン）が指し示す「意味するもの（スィニフィエ）」は実在世界にある対象や事態である。言葉が「指し示す」あるいは「代表する」対象や事態を、日常的にはしばしば「言葉の意味」と言っている。この素朴な常識をそのまま受け入れるわけにはいかないが、ソシュールのスィニフィアンとスィニフィエという術語はこの慣用に基づいているので、さしあたって言葉には「示差的な意味」の他に「指示的な意味」があるとし、それが何であるかと問うことにしよう。

「言語は実在世界のあり方（構造）を写し取る道具である」という反映論の信念を批判しないかぎり、ソシュールの混乱した記述を理解することは難しい。ソシュールの明らかな過ちは、言語体系の要素を体系から切り離してはならないという自分の考えと矛盾して、一個のスィニフィアンとスィニフィエの間に恣意性があるとしたことである。それでは古代ギリシャの規約主義の主張と等しくなってしまう。言語の恣意性は、各民族語で構造が異なるという事実から導かれるのだが、その結果として超越論的に推測しなければならないのは、「民族語の構造は、実在世界のあり方を鏡のように写し取る仕方で形成されるのではなく、各民族が長い歴史のなかで多少とも恣意的に創造したものである」ということであろう。それこそが言語の恣意性である。このこと自体常識と対立するきわめてラジカルな主張であるが、これを認めるとさらにラジカルな次のような主張にも導かれることになる。さまざまな民族語の構造は、優劣なくただ並存しているのであり、そのいずれが実在世界のあり方に一致しているかという問いは無効である。そうすると「実在世界のあり方に的中する認識こそが真理である」とする伝統的な真理観も否定される。この帰結がソシュールを戸惑わせ、彼の表現を曖昧にしたのだと私は考える。ソシュールの誤りは、「実在世界は個物の集まりである」という反映論の前提を守ろうとしたことである。

さらに詳しい議論は『ことばの無明』を参照していただくとして、この議論に関する結論を述べよう。

比較言語学が行なった世界中の民族語の構造の比較は、音韻でも、語彙でも、また文法の上でもそれが一様ではなく、異なっていることを明らかにした。一方私たちは自分がもっている言語の構造と相同の世界像についての知をもっている。その結果——ウォーフが主張したように——言語が実在世界のあり方を写し取るという考えは否定され、反対に、民族語の構造に基づいて世界像のほうが構造化されるとしなければならないだろう。

もちろん実在世界はだれにとっても同一の相貌を示しているはずである。これを認めなければ私たちは議論の客観性を失い独我論に陥る。しかし実在世界自身は個物の集まりではなく、未分化であり、多様な構造化を許している。私たちは、幼児期に身につけた民族語の構造に基づいて世界を構造化して見ているのである。

このように理解すれば、「言語〈意味するもの〉」と構造化以前の「実在世界〈意味されるべきもの）」との関係は任意であり、同時に、言語と構造化された「世界像（意味されたもの）」との関係は一枚の紙の表裏のように密接な統一体であるということになるだろう。この理解においては、ソシュールの記述の矛盾は実は表面的な矛盾でしかないのである。

しかし、言葉には「示差的な意味」と「指示的な意味」があるという言い方は、意味についての前節の議論と混乱が起こらないように、注意しておく必要がある。というのは、言葉の意味はそれが指し示す対象や事態であるという素朴な常識は、やはり反映論の過ちのうえに成り立っているからである。

「ウシ」という言葉を聞けば、私たちは牛のイメージを思い浮かべることができる。しかしそれは「ウシ」という語が言語の体系のなかで、他の語とのあいだで示差的な関係に置かれており、対象「牛」が世界像のなかで、他の対象とのあいだでそれと相同の示差的な関係に置かれているから、「指し示す」のである。意味の了解は指し示すこと自体で得るのではなく、指し示したものの示差的な関係を了解するのである。それゆえ、あくまでも「意味とは示差的な関係である」と定義し、「言葉はイメージを指し示すことによって、そのイメージの示差的な意味を了解させる」と言ったほうが誤解がないであろう。

㈢ 経済性の原理――ヒトの祖先が分別的な世界を創っていく原理として

ここまでの議論は、私たち人間の認識は実在世界の構造を写し取るのではなく、それ自身は構造を持たない実在世界を、構造化して見る行為であるという結論に私たちを導こうとしている。私たちの祖先は、何万年もの時間を費やして、その構造化の仕方を創造したのである。言語は単に同時代の他者への伝達の道具ではなく、過去の世代のその創造的な営みを伝承し、蓄積する道具であると考えられる。

動物は遺伝子によって決定されている本能的な行動によって外界の変化に対応するが、人間だけは幼児期に身につけた民族語の体系に基づいて、外界を実体的な個物の集まりとして区別し、それを体系的な知としてもっている世界像のなかに取り込んで意味づける。そのようにして適当な行動を選ぶ。つまり人間の言語は、人間に固有の、外界の変化に対する対応の仕方であるということができる。

「この世界の構造化の仕方としての言語は、どのように形成されたのか」という疑問が起こるが、これに答えるのは容易ではない。

私たちがすぐに言えることは、民族語の構造が同一ではないことから、実在世界のあり方をただ写し取っているのではないということであり、反対に諸民族語はだいたい翻訳ができるほどに類似していることから、まったく恣意的に創られるのでもないということである。

私たちが出会う現象は未分化で、ひと通りでない構造化を許すが、けっしてめくるめく混沌ではなく、安定した特徴をもっているのだろう。ウォーフはそれを「世界は我々に諸印象の万華鏡の流れのようなものとして自己を現す」と表現した。その安定した、しかし流動的な特徴がまず言語の構造を決定する要因であることは言うまでもないが、人間のほうの生物的な欲求や、感覚や記憶の能力の大きさも要因であろう。さらに各民族の歴史の偶然が要因に加わる。

たとえばエスキモー語には「雪」を表わす語が二〇個もあるが、熱帯地方の言語では、あっても一個しかない。この違いをもたらしているのは、言語の形成過程で働くこれらの諸要因であろう。また第一節で述べたように、ヨーロッパ語では牛などの家畜が性によって異なる名前をもっているが、これもヨーロッパの自然が古くから牧畜を盛んにさせたことと関連しているだろう(この区別は言語の驚くほど長い形成史のなかでは、ごく最近に生じた区別であるが)。

さて、こうした要因のうち、人間の感覚力や記憶力の程度が言語構造に反映していることは、言語学がすでに明らかにしている。

類人猿をはじめ、動物たちも啼き声で何かを表現し、仲間に伝えていることが分かっている。しかし彼らの啼き声は、人間の言葉とは本質的に異なる。言語学者たちが一致して挙げる違いは、人間の言葉は分節されているのに対して、動物たちの啼き声は分節されていないということである。

たとえば「頭が痛い」という感覚を一つの叫び声が表現するとしよう。その声で「頭が痛い」という感覚は仲間に伝達できるかもしれないが、分節されていない叫び声で表現し伝達しようとすると、一〇〇の感覚を表現するには一〇〇種類の叫び声が必要になり、たくさんの声を区別したり記憶したりすることは難しい。

人間の言語では、声は「頭」「が」「痛い」という三つの要素に分節されており、その結果「頭」のところに「腹」「足」「指」などの語を入れたり、「痛い」のところに「重い」「軽い」「痒い」などの語を入れたりして、さまざまな感覚を表現する。この分節化によって、私たちは数千の単語を区別し、記憶すれば、ほとんど無限の対象や事態を表現できるのである。

次に、一つ一つの単語を分節されていない声の全体で作るとすれば、私たちは数千の声を区別しなければならないことになるが、「あ・た・ま・が・い・た・い」は五種類、七個の音の形に分節されている。この音の最小の単位を音素という。この第二の分節化によって人間の声はわずか数十に区別されることによって、すべての言語表現が可能になる。

この二重の分節化だけでなく、人間の言語の作られ方には一つの特徴が見いだされる。アンドレ・マルチネはそれを「経済性の原理」あるいは「最小努力の法則」と名づけ、「伝達の必要に対して、それを実現するための心的・肉体的な活動を最小に還元しようとする人間の傾向が現われている」と説明している。
この原理は「人間の記憶能力や発話・聴取の能力にとって、もっとも容易な構造が作られる」ということであって、「論理的にもっとも単純な構造が選ばれる」ということではない。たとえば論理的にはある民族語に三〇個の音素があるとすると、三個の音素からなる単語は三〇×三〇×三〇＝二七〇〇〇個できることになり、三個から四個の音素の順列で足りることになるが、もっと長い単語がたくさんある。それは短くて似ている単語は、耳で聞いたときにかえって判別しにくいからである。

さて、マルチネは言語を単に表現と伝達の道具と考えているので、経済性の原理は表現と伝達のための記号を作るときに働く原理とされている。しかしこれは、人間が世界を構造化して見る仕方を作るときに働く原理であると考えることができる。たとえば私たちは現象をさまざまな実体的な個物に区別し、それらがどのようにあるかを、その性質や運動として理解する。言語構造で言えば実体を表わす名詞、性質を表わす形容詞、運動を表わす動詞があるが、そのような「範疇化（カテゴリゼイション）」が起こるのは、経済性の原理の現われと解釈できるのである。
私たちが「白い馬」と「黒い馬」と「茶色い馬」を区別したいという欲求を持ち、ある民族語では名詞と形容詞を区別せずにa・b・cの三つの語で表現するとしよう。日本語では「白い」

「黒い」「茶色い」「馬」の四つの語が必要なので、かえって不経済のようであるが、私たちは牛についても「白い牛」「黒い牛」「茶色い牛」と区別したいし、犬についても区別したい。このすべての区別をするために、名詞と形容詞、言い換えれば実体とその性質という範疇化を創造しない民族語は九個の語が必要だが、日本語は六個で足りる。言うまでもなく経験が増えるにしたがって「馬」のところに入る実体の数はどんどん増えていくし、「大きい」「若い」「速い」など、「白い」のところに入る「性質」の数も増えていく。結果として実体とその性質という範疇化を創造しない民族語は、記憶力の制約から到底日本語のような複雑な区別をすることはできないということになる。そのような言語は実際には成立しないだろう。

この範疇化は、実在世界のあり方が強いるのではなく、人間の能力の制約が要求するのである。言うまでもなく、私たちが現実に出会うのは、「白い馬」か「黒い馬」か「茶色い馬」かであって、いかなる色も持たない「馬という実体」には出会わない。ところが実体とその性質という範疇化によって、私たちは「実体が一定の性質をもっている」と認識し、性質と切り離された「馬という実体」を考えてしまうことにもなる。

人間は刻一刻に出会う現象を、言語構造に基づいて区別し、自分の世界像に取りこみ、それによってその現象の意味をとらえ、適切な行動を選ぼうとする。そのような認識の仕方を獲得した人間は、やがて本能的な行動能力を封じこめることになる。その結果、現象をできるかぎり厳密に区別し、また区別の全体を整合的に組織したいという欲求をもつだろう。しかし私たちの能力には限界があり、世界についての体系的な知が複雑になればなるほど、それを記憶し、その諸要素の示差的な意味を速やかに了解することは困難になる。したがって私たちは、より負担の少ない単純な構造化で済ませたいという相反した欲求ももっている。民族語の構造に見いだされる経済性の原理は、この相反する二つの欲求の現われと解釈できるのである。

㈣言語使用の創造的な側面──チョムスキーが説く「先天的言語機構」を超越論的に要請しなければならないか

子どもが言語を習得する過程を観察すると、どんな子どもも習得の順序とそれが起こる年齢がほとんど同じで、子どもは決定された道をたどるように見える。

どんな子どもも満一歳前に話を始めることはないが、二歳ころまでには数個から数百個の言葉を話すようになり、三歳ころまでにはかなり自由に他者との言葉による交流ができるようになる。そして五歳から六歳ころまでには、文法的な規則も自由に使いこなすようになり、言語の習得は一応完了する。

また言語を習得するためには、子どもは民族語を話す社会集団の中で成長しなければならないが、大人が意識的に教育する必要はなく、子どものほうも、たとえば文字を習得するのとは違って、意識的な努力は何も必要としない。

さらにこの言語の習得は、人種の違いや頭の良し悪しに関係なく、人間ならばだれにも等しく起こる。

この一様さと速やかさをどう説明したらよいだろうか。

次に、ある民族語を習得した人はだれでも、過去に学習した文だけでなく、単語を知っていれば学習したことのない新たな組み合わせの文を発することができるし、また新たな組み合わせの文を聞いたときにその意味を瞬時に理解できる。言語使用のこの性格を「言語使用の創造的側面」と言っている。

もし言語の習得過程を、語や文の目録のようなものを増やすことであるとするなら、新しい文はその目録からそのつど類推によって理解すると考えることになるだろうが、それではこの速やかさを到底説明できない。それで、ノーム・チョムスキーは「言語を使う能力は人間がもともと先天的にもっているものであると考えなければ、これらの特性を説明できない」と言う。その先天的な言語能力を「先天的言語機構」と名づけ、次のような仮説を立てている。

子どもが生まれると、彼は一つの民族語が話される環境におかれて成長するわけだが、子どものもつ先天的言語機構は、周囲で話されている言葉を刺激として始動し、それらの言葉の文法に適合するように、一つの具体的な民族語の文法へと自らを限定していく。つまりある民族語の一定数の文をインプットすると、その民族語の完全な文法をアウトプットする。子どもの言語習得の過程は、「言語を持たない白紙の精神が、歴史的に創造された言語という体系的な知を学習していく過程」ではなく、「先天的言語機構が、右のようにして引きだした具体的な文法についての仮説を、子どもがそれを実際に使ってみて、それに対する他者の反応から確認していく過程」であるという。

チョムスキーによれば、このように考えるときにのみ、子どもの言語習得の一様さや速やかさを説明できるし、言語使用の創造的な側面を説明できるのである。

最近の言語学では、チョムスキーのこの仮説が支持を得ているように見えるが、実際に「先天的言語機構」に当たるものが発見されているわけではないし、その存在が超越論的に要請されるわけでもない。そして何より、悟りの体験に基づいて仏陀が説いた世界観と相容れないゆえに、私はこの仮説を支持しない。

この問題に答えるには、言語についての知が私たちの脳の中にどのように所有されるのかを考える必要がある。つまり子どもは言語的な経験からそれぞれの文や語彙や文法を個別に記憶するのではなく、大脳皮質の神経回路網を作っていくのである。

新生児は約四〇〇グラムの脳を持って生まれてくる。脳は成人に達するまでに約三倍以上の重さになるが、そのあいだ細胞の数も細胞の容積も増加しない。約一四〇億という神経細胞（ニューロン）は、妊娠の中ごろには備えられ、それ以後の脳重の増加は、それらの細胞が樹状突起を出して互いに絡み合うことから起こる。本能または情動の座と言われる大脳古皮質の神経細胞は、すでに妊娠中に絡み合っているが、新皮質の神経細胞は、誕生時には樹状突起をほとんど出していない。ポール・ショシャールによれば、絡み合いによる脳の構造化は、生後一年間に驚異的に進み、その後ゆるやかに進行して、七歳ころには完全な構造に達する（『人間の脳』）。

そして、重要なことは、神経細胞の複雑な絡み合いが、大脳の機能を生じさせるということ、また、そうした絡み合いが外界との交渉に影響されて行なわれるということである。他の動物は成熟した、つまりすでに構造ができあがった脳を持って生まれてくるが、人間の新生児だけが未熟な脳を持って生まれてくる。あとに「人間の祖先だけがなぜ言語を創造したのか」についてもう少し詳しく超越論的な推測を行なうが、このことが人間に言語を創造させ、分別的な認識の創造と伝承を可能にし、結果として他の動物の世界とこんなにも違った文明社会を作らせたと私は考えている。

子どもの言語習得の過程は、周囲で話される言葉を子どもの意思で学習し、知を蓄積する過程ではない。そうではなく大脳皮質の神経細胞が外からの刺激を指針としてネットワークを作り、自己を構造化する過程である。そのように考えることによって、先天的言語機構という仮説を要請しなくても、習得の一様さと速やかさが説明されるだろう。

また、言語使用の創造的な側面については次のように考えられよう。一つの語が習得されるということは、単に「音の形（スィニフィアン）」とそれが「意味する対象・事態（スィニフィエ）」との指示関係が知られるということではない。そうではなく、一定の音の形と、一定の対象・事態が、それぞれ「民族語と世界像との一対の体系」のなかで市民権を得ることである。市民権を得るとは、その新しい要素が単に加わるのではなく、「すでに習得されている諸要素の独立性を支える一要素となり、したがってそれらの示差的な意味を多少とも変更すること」である。たとえ無自覚的にであれ、体系をつくっている全要素との示差的関係が知られるのでなければ、新たな要素は体系のなかに参加できない。

たとえば国名や果物についての体系的な知をもっている人が、新たに「タイにはマンゴーという果物がある」という文を習得したとしよう。彼はマンゴーを食べたことも見たこともないが、タイという国名から、マンゴーはたぶんバナナのように暑いところで育つだろうという示差的な意味を了解するし、マンゴーはたぶん甘いだろうとか木になるだろうとか、手で持てるほどの大きさだろうとか、その他さまざまな示差的な意味を「習わずに」了解する（もちろんその了解が間違っている場合もある）。

この事情を生理学的には――比喩的に――次のように言うことができよう。私たちは言語的な知の全体を何億もの神経回路網として持っている。そして新しい語や文の習得とは部分的に起こる新しい配線である。そして部分的な配線の追加は、回路網全体に流れる電流の経路を多少とも変更する。

つまり単語の新しい組み合わせである文の理解とは、言語学的に言えば「体系の要素となることによって、具体的に経験されずとも帯びることになった諸関係の一つの自覚化」であり、生理学的に言えば、「結果として連絡した神経回路のうちの、特定の回路に電気刺激が流れること」であると考えられる。

チョムスキーの仮説はやはり、言語を単に表現と伝達の道具と考え、だれにとっても同じ構造をもった実在世界という反映論の信念とつじつまを合わせようとしているところに無理があるのだと思う。「言語を創造する能力」ではなく、「言語という能力」が人間だけに先天的にあると主張するには、およそ七〇〇万年前にチンパンジーと共通の祖先から別れた人間の祖先に、いつごろどのような理由でその突然変異が起こったのかを、少なくとも超越論的に推測できなければならないであろう。人間の言語は人間を本能的な行動パターンから逸脱させ、動物たちの社会と遠く隔てることになる文明社会を作らせたものである。とすればチョムスキーは、人間は突然変異によって「本能を逸脱する本能を与えられた」と主張していることになろう。私にはそれはとても奇妙な主張のように思われる。

第四章　私とは何か

前章までに述べたことは、私たちが認識している「個物の集まりである世界」は、実在世界自身のあり方を鏡のように写し取ったものではなく、私たちのほうが未分化の現象を分別している結果であること、そして、それは人間だけがもつことになった言語が深く関係していることを明らかにしつつある。つまり、この認識の仕方は、祖先たちの創造的な営みが言語を媒介者として世代から世代へと伝承され、何万年にもわたって蓄積されて、はじめて実現したものであると考えられる。

私たちが認識する世界像は、体系的な分別の仕方が創られていく過程で働く原理によって一定の色づけを受ける。つまり、人間の能力の程度（機械論的な原理）と、人間が何を指針として分別するかという目的（目的論的な原理）が、実在世界自身のあり方とともに世界像の構造を規定する。

機械論的な原理があることは、比較的理解しやすい。簡単に言えば、もし人間の脳細胞がいまの何倍もあったら、もし人間の嗅覚が犬のように鋭敏だったら、またもし人間の身体が鼠のように小さかったら、私たちが認識する世界は、いまとはかなり違った個物の集まりであったろうということである。機械論的な原理は、具体的には第三章で論じた「経済性の原理」として見いだされる。たとえば、私たちの限られた能力を用いて世界をできるだけ厳密で整合的な体系として区別し組織するために、世界は実体的な個物とそのあり方（性質や運動）として分別されるのである。

目的論的な原理は、たとえば次のような事柄に投影されている。私たちの「分別的な世界」に現われる動物は、みな他の命を殺し、それを糧として生きている。動物の世界はまさに情け容赦のない弱肉強食の世界であって、動物の個体はみな自分がより長く生きるために（個体保存）、また自分の子孫をより多く繁殖させるために（種族保存）、活動しているように見える。

すべての動物がめざしているように見えるこの「目的」を、反映論を疑わない人たちは、実在世界自身の特徴と考えているが、実際には人間が分別的な世界を創るときに働く目的論的な原理によって、そのようなものとして見られるのだと思われる。この章ではそれを考えてみたい。

諸物のあり方についての、ハイデッガーの省察

人々はこの実在世界が個物の集まりであることを信じて疑わないが、ふつうそれらが何のために存在しているかは解らないと思っている。外界の個物は私たちにまず意味とは無関係な「単なる物理的な延長」として姿を現わし、それを私たちが自分の生存にとって有益なものとして意味づけ利用すると思っている（第三章第二節に述べたことから、ここには「意味とは何か」についての誤解があると解るが、とりあえず無視して議論を進める）。

たとえば一本の立ち木は、私たちの前に一定の長さや重さや硬さを持ったものとして現われるが、それは意味に無関係に「ただある」。世界を創造した神を信じる人は、立ち木には私たちの配慮と無関係に「創造主の意図として」存在の意味があるはずと考えるが、その意味は私たちには知らされていないのである。

その「単なる物理的な延長であるもの」を私たちはいろいろに意味づけて利用する。立ち木は、炎天下で涼しい陰をもたらすものとして、猛獣に追われたときによじ登って逃げるためのものとして、切り倒して住まいを作るためのものとして、あるいは切り分けて燃やすためのものとして……意味づけられる。

こうした考えを哲学的に主張したのは、十七世紀フランスの哲学者ルネ・デカルトであるが、その時代は技術の発展に促されて自然科学が勃興した時代であり、デカルトは自然科学の世界観を基礎づけたと言えよう。科学技術の発展が人々の生活を大きく変えた結果、今日では多くの人が自然科学の世界観をもっており、それゆえにこれが常識になっている。

さて、マルティン・ハイデッガーは彼の『存在と時間』の中でこの常識を批判したのであるが、彼の議論は次のように要約できよう。

私たちが周りの諸物と出会うとき、ふた通りの出会い方がある。一つは「道具としてあること」つまり「何々のためのものとして、意味をもってあること」であり、もう一つは「単に直前にあること」つまりデカルトの言う「単なる延長としてあること」である。そしてハイデッガーは右のようなデカルトの世界観は順序が逆だと主張する。つまりはじめに「単に直前にあるもの」として出会われるものが、次いで道具として意味づけられるのではなく、反対に本来は「何々のためのものとして」出会われるものが、その意味を無視されて「単に直前にあるもの」として見いだされるのだという。

ハイデッガーによれば諸物が「単に直前にあるもの」として出会われるのは、私たちが手許に道具を見いだそうと配慮して見回すのに、「使えないものがそこにある」ことを発見する場合や、「邪魔になるもの」を見いだす場合など、疎外された過程で起こるのである。

私は、このハイデッガーの省察はすでに述べたソシュールの「示差的な意味」という考えから正しいと思う。「個物の集まりである世界」は一つの体系であり、それぞれの物の意味とは、それが他の物とのあいだに帯びている示差的関係にほかならない。デカルトの議論は一つの個物を孤立的に取り出しても意味というものを論じることができると考えている点で、根本的な誤りを起こしている。意味とは個物が自身の内にもっている何かでも、それに込められた意図でもない。「個物の集まりである世界」の中で私たちが出会うものはすべて示差的な意味をもっているのであって、「単に直前にあるもの」とは、そうした関係を無視して、孤立的に取りだされたもののあり方なのである。

さて、ハイデッガーによれば、それぞれの「道具としてあるもの」は互いに無関係に「何々のためのもの」という意味をもってあるのではなく、「何々のための道具」によって作られた作品が、別の「何々のための道具としてある」というように「付託の体系」をなしている。そのなかで、製作される必要がない、もっとも底辺に見いだされるものが「自然」と呼ばれている。たとえば、靴を作るためになめし皮や針や糸があり、なめし皮を作るために獣皮があり、獣皮を取るために自然のもの・獣があるという具合である。この「何々のため」の何は「帰趨《きすう》」と呼ばれているが、帰趨の全体は最後にはそれ自身はいかなる帰趨ももたない一つの個物に行きつく。それが私たち人間であるという。

かくして、ハイデッガーの省察は、「世界を構成しているすべての物が、人間のためにある」という奇妙な人間至上主義に行きつくことになる。この人間至上主義が、政治的にナチスのドイツ人至上主義に利用されたことを私たちは思いだすのだが、彼の「哲学上の」過ちは、諸物の世界から出発して世界のあり方を解明しようとしていることである。

私たちの認識が、刻一刻に出会う未分化の現象を民族語の構造に基づいて「個物の集まりである世界」へと区画構成することであるならば、諸物の世界との出会いを省察する作業は、ハイデッガーの結論に導かれざるをえない。なぜなら、現象との出会いと同時に区画構成されている世界は、人間中心的に創られている民族語の構造を（そこに見いだされる示差的な意味を）自己の意味として告げるからである。つまり、諸物が「人間のためにある」のは、人間が現象をそのように分別するからであって、認識作用と無関係に、実在世界自身が「人間のためにある」のではない。

ハイデッガーはそれぞれの個物を孤立的に取りだすのではなく、体系の中にあるもの、したがって他のものとの関係を帯びているものとして理解した。この点は正しいが、「個物の集まりである世界」との出会いから彼の省察を始めているために、分別作用自体は視野に入ってこない。それで、「人間にとって何のためのものか」という分別の基準を、個物の存在自身が帯びている意味と見誤ることになったのである。しかしこの過ちにも関わらず、ハイデッガーの省察が重要なのは、彼の省察が見いだした「諸物の意味」が、実は人間が分別的な世界を創る際の「目的論的な原理」を現わしているからである。

類化——どのようにして個物が生まれるのか

図3はゲシュタルト心理学が「図と地」という考えを説明するための実験に用いる図形の一つである。図3を示して、「何が見えるか」と尋ねると、ある人は「壺」と答え、他の人は「向き合った二人の横顔」と答える。前者の場合、境界線はAの輪郭であり、Aは実体的な図として地Bを背景に浮きあがっている。一方後者の場合には、境界線はBのものと見られ、図形Bが地Aを背景として浮きあがっている。

そのどちらを図形として浮きあがらせるかは、被験者の過去の経験による。その実験をするまでに一度も図形Aに似たものを見たことがない者は、必ずBのほうを図形とするであろう。私の観察では、三歳から十歳ころまでの子どもはほとんど例外なくBだけを図形とする。大人でも人の顔を抽象的にかたどることには慣れているので、最初に図形とするのはたいていBのほうであるが、幼児は「何か他のものが見えないか」と注意を促されても、Aを図形としない。つまり、Aを図形とするためには、形Aに類似した特徴がさまざまな背景のもとで経験され、何らかの仕方で「ひとまとめ」にされ、そのひとまとめのものを抽象的な図形Aで代表できなければならないのである。

同じことが、私たちが刻一刻に出会う現象を区画して「壺」を認識する場合にも言えるであろう。つまり壺がそれに接する周りの特徴から視覚によって切り取られ、一つの実体的な物として認識されるためには、類似した（そして多少とも異なった）特徴を、壺類として「ひとまとめ」にする一般化（類化）がなされていなければならない。

この一般化の指針は、現象の特徴の類似性自身であることはできない。というのは、類似性と差異性とは相対的なものであり、現象のある部分を「まとまり」として切り取り、二つの「まとまり」を類似したものとして「ひとまとめ」にすることは、それらの差異性を無視して捨て去ることである。したがって、一般化するためには、単に異なった場所で出会った特徴に類似性を見いだすことでは不十分で、現象の特徴のどの面を類似性として確保し、同時に見いだされるどの面を無視して捨てるかという基準が、認識する者にすでに持たれているのでなければならないであろう。たとえば鉄のテーブルの上に鉄の壺がのっていたり、白いテーブルの上に白い壺がのっているとしよう。前者の場合には、一般化の指針にしたがって「鉄で

図3

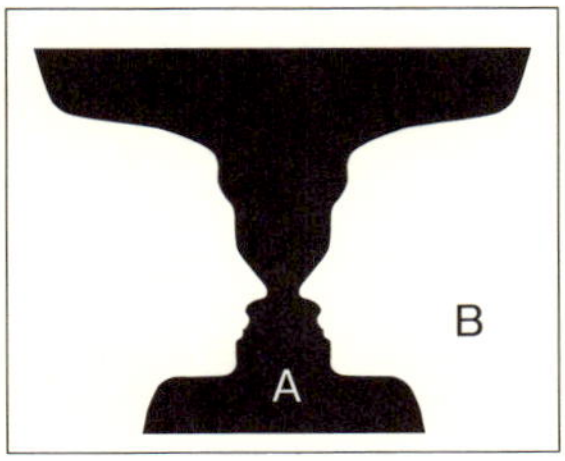

ある」という特徴を無視することによって、後者の場合には「白い」という特徴を無視することによって、一つの「まとまり」として切り取られ、「ひとまとめ」にされるのである。

この指針は、ハイデッガーが諸物の意味として示した、私たち人間にとって「何のためのものであるか」ということの他には見あたらない。つまりさまざまな壺は「水や穀物を入れるためのもの」としてひとまとめにされ、同じ名前や抽象的な図形で代表されるのであり、それゆえに鉄であることや白いことは無視されるのである。

この原理は壺のような人工的なものだけに当てはまるのではない。図形Bの横顔は、それを「ひとまとめ」にする「何のため」が、むしろ私たちの関心の深さによって多様なので即座に理解されにくいが、同じように説明できる。さまざまな顔は、私に安心を与えるためのものとして、反対に怯えさせるためのものとして、私に話しかけるためのものとして……背景から浮きあがり、人の顔として「ひとまとめ」にされるのである。

壺という「まとまり」は二つに割られるともはや壺として「ひとまとめ」にできなくなるが、パンという「まとまり」は二つに割られてもパンである。これは、壺は二つに割られると「水や穀物を入れるため」という類化の基準に合わなくなるからであり、パンは「空腹を満たすため」という基準を保っているからである。もちろんこれは人工物についてだけに言えることではない。花は二つに割られるともはや花ではなくなるが、石は二つに割られても石であり続ける。二つに割られた花は、「私たちの心を和ませるためのもの」という類化の基準を失い、二つに割られた石は「獣を遠ざけるためのもの」という基準を保つのである。

さて、この一般化の指針である「何のため」の体系、つまりハイデッガーの言葉を用いれば「付託の連関」が認識する側に先天的に持たれていると考えることも一応可能であるが、歴史的に創造され世代から世代へと伝承される民族語の体系がその役割を担うことができる。

一般化（類化）の指針が先天的に持たれていないのであれば、子どもは現象の特徴のどの面を「ひとまとめ」にし、他の面を無視するかを学習しなければならない。その手掛かりは周りの大人たちが話す言葉である。子どもは大人たちが類似の特徴を同じ名前で呼ぶのを経験して、それらの特徴を「ひとまとめ」にしている「何のため」を自分自身の基準とする。つまり音の形を類化の核として、彼が出会う現象の特徴のどの面を確保し、どの面を無視して「ひとまとめ」にするか、という基準を身につけていく。

今までの議論が示したことは、一つの個物が「孤立的に」ひとまとめにされることは不可能で、他の個物と相互依存的に示差的関係を持ちながら、つまり「体系として」ひとまとめにされなければならないということである。子どもはその全体の構想を無自覚のうちに与えられていなければならないのであり、そんなことは体系的な知が先天的に与えられていなければ不可能に見えるが、そうではない。子どもの周りで使われている言語がその役割を担うのである。

言語習得の根本的な意義はここにある。子どもは民族の長い経験が形成した複雑で体系的な区画構成の仕方を、幼児期の言語習得を通じて無自覚的に自分のものとしていくのである。

言語の体系とイメージの体系

私たちは刻一刻に出会う外界の現象を実体的な諸物に区画して見ている。諸物は現象と同じ場所に見られるのであって、けっして幻想ではないが、区画するためには類化が必要であり、そのために類化の基準となった類似性が強調され、差異性が捨てられる傾向になる。たとえば、ある時ある場所で見いだす壺は、他の時に他の場所で見いだした壺と必ず違った特徴をもっているはずだが、実体的なものとして見るかぎり、私たちは一般化した「壺類」を見てしまうのである。これを、「外界に壺のイメージを見る」と言ってもよいであろう（私たちが見いだすさまざまなイメージの性質の違いから、イメージは「知覚的なイメージ」と「想像的なイメージ」に分けられる。「知覚的なイメージ」を私たちはふつう「現実」と言っている。詳しくは『ことばの無明』を参照されたい）。

私たちは「個物の集まりである世界」についての知を、イメージの体系として記憶している。そのイメージの体系では、壺のイメージは他のさまざまなイメージと示差的関係をもっている。たとえば壺はバケツやコップや茶碗と似てはいるが、それらではないものとして、また水や穀物を漏らさずに入れるためのものとして……示差的な意味をもっている。私たちが外界に「壺のイメージ」を見るとき、多少とも個別性を失わせることになるが、私たちはそうすることで外界に区画した個物の意味を了解するのである。

私たちは言葉つまり音の形を自由に思い浮かべることができるように、イメージも頭のなかに自由に浮かべることができる。背景から切り離されて実体的な個物として類化されたイメージは、自由に組み合わされ、たとえばシュールレアリズムの絵画のように、空に浮かぶ巨大な岩のイメージや、身体が冷たい機械である人間のイメージを思い浮かべることができる。これは分別的な認識を行なう人間だけができることで、犬は何かを記憶するとしても、そのような想像力は持たないであろう。

反映論を信じている人々には、「イメージは諸物の世界の写しが記憶されたものである」と考えられてきたが、実際には、イメージとは言葉を核として「ひとまとめ」にされた現象の特徴の抽象的な代表者である。言葉を核として、厳密には異なった特徴である現象の部分が、抽象的に同じものとされ、「類のイメージ」として確保されるのでなければ、イメージの数は無数であって、到底記憶されたり想起されたりできないだろう。このようにして形成されるイメージは当然核となる言葉と対応しており、イメージが想起されれば必ず対応する言葉が想起されることになる。反対に言葉が想起されれば、それに対応するイメージが想起されるということも基本的には言えるはずであるが、言葉はたとえば「丸い四角」のようにイメージを排斥し合うような語結合も可能である。

かくして、私たちは次のように結論することができるであろう。

言語が、諸要素を組み合わせて創造的に使用できる体系的な知であるように、イメージもいつでも想起でき、自由に組み合わせることができる体系的な知であり、二つの体系的な知の構造は相同である。言葉もイメージも、体系のなかの示差的関係として意味をもっているが、言葉とそれに対応するイメージの「示差的な意味」は同じである。また言葉に対応するイメージはその言葉が「指示するもの」と呼ばれる。この関係を図式化すれば、図4のようになろう。言葉とイメージ、この一対のものを仏教では名色《みょうしき》と言っている。

私たちは過去の経験を民族語とイメージの一対の体系として保存し、刻一刻に出会う現象を、その体系的な知に基づいて区画し、個物の集まりに構成し、体系に「取り込んで」現象の意味を理解する。この分別作用は、人間にとって「何のためのものか」という基準で実体的な物を独立させ、個物の集まりとして現象を意味づけるという性格をもっている。そのようにして私たちは適当な行動を選ぶのである。科学者はその行動に個体保存と種族保存という目的を見いだすが、それは「個物の集まりである世界」に分別する作用がしたがっている原理の結果である。私たちはこの世界を人間中心的に、「私」中心的に見てしまうということである。

このような「分別的な認識」は人間だけが行なっているものである。犬も昆虫も、一匹の蚯蚓《みみず》でさえも彼らが出会う現象の変化に対応して、彼らの生存にとって適当な行動を選んでいるということができる。この点では同じであるが、言語を持たない彼らは、現象を体系的に分別して

図 4

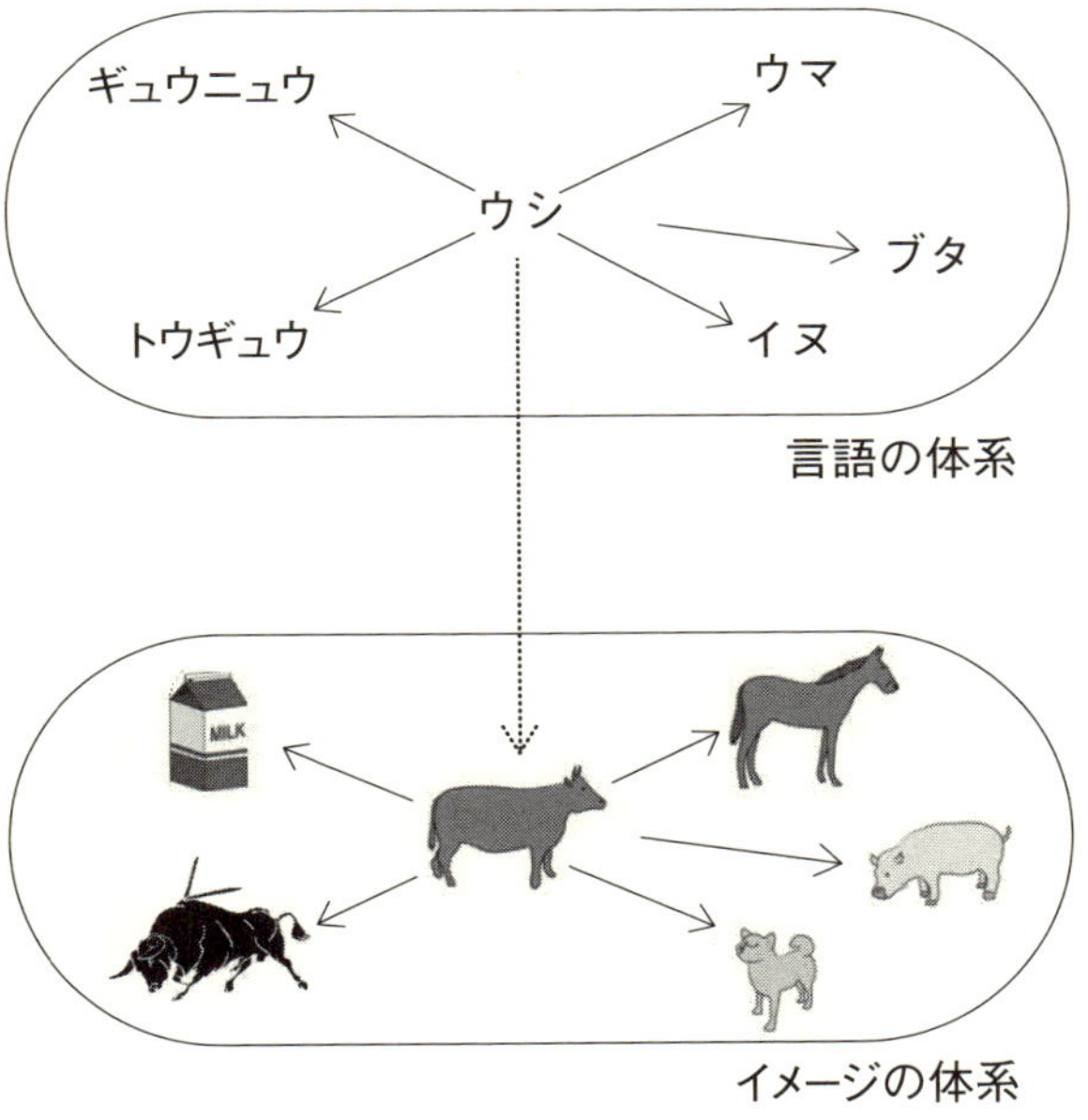

「意味づける」ことはできない。第三章第二節で示したように、私たちが「意味」と呼ぶものは、体系的に分けることによって、はじめて「生じる」のである。また、彼らの認識と行動の仕方が先天的に決定されているのに対して、人間のそれは後天的に、歴史的に創られたものである。人間だけがもつ言語がなぜどのようにして生まれたのかを、次章で超越論的に推測してみるが、言語は諸条件が集まって多分に偶然的に生まれたのである。

犬や昆虫の認識と行動の仕方は先天的であるゆえに、彼らの祖先たちの経験は何の影響もしない。また、その仕方は遺伝子が伝承されるかぎり滅びることはない。それに対して、人間の認識と行動の仕方は、歴史的に創られたものであるゆえに、祖先たちの経験を受け取っている。その結果として人間は他の動物と遠く離れた文明世界を作りあげたのであるが、民族が何万年もの時間を費やして実現したものであるにも関わらず、人間の認識と行動の仕方は、一世代がそれを使わなければ滅びてしまうという性格をもっているのである（大航海の時代に始まるヨーロッパ人の世界侵略の結果、多くの民族語があるいは滅んでしまい、あるいは滅びつつある）。

二元論の克服

「個物の集まりである世界」は、実在世界自身のあり方ではなく、人間が言語をもったために、人間だけが認識する世界であることを論じてきた。私たちの今までの考察では、人間にとって、外界は未分化の現象として現われるが、その現象を「個物の集まりである世界」へと区画構成する主体である人間の存在は、外界とは別の存在として考えられている。これをそのまま認めるならば、存在論的には次のような奇妙な二元論を主張することになる。つまり、「未分化な客体とそれを区画構成する主体だけが、あらかじめ独立して存在し、この世界のすべての個物は区画構成した結果として存在する」と。

しかしこの結論は正しくない。私たちが行なう哲学的な省察は、私たちがすでにもっている「世界についての知」について、それがどのようなものであるかを反省し明らかにするのであるが、世界についての知が分別作用によって作られるものであるならば、哲学的な省察は分別以前の実在世界自身のあり方には至ることはできない。言い換えれば、私たちの記憶は言語とともにあるさまざまなイメージの記憶である。犬の行動を観察すると、犬には言語が介入しない記憶があるようだが、私たちは言語を習得する前の乳児期の記憶は思いだせない。少なくとも言語によっては思いだせない。哲学的な省察は記憶されている世界についての知を対象とするのであり、それゆえに言語が介入する以前の実在世界自身には至れないのである。

すでに述べたことであるが、科学がもたらす知も、現象を人間が分別して理解する作業であるかぎり、同じ限界をもっている。ベンジャミン・リー・ウォーフが主張したように、自然科学が対象とする世界は、言語に基づいて区画構成された「後の」世界であり、実在世界それ自身ではない。自然科学は用語を厳密に定義して一つの整合的な体系をめざすことによって、また機器を用いて現象をますます細かく観察することによって、一つの人工言語となり、それが生まれた母体である民族語の世界を離れて発展していくが、その民族語の構造を自己の発展の方向性に取り入れざるをえないのである。

現代の科学はヨーロッパの言語を母体として生まれたものだが、ウォーフはたとえばアメリカ・インディアンの言語からはまったく別の科学が生まれるだろうという。

「世界についての、これらの素朴な定式化されていない視点のそれぞれから出発して、このはじめの無自覚的な視点を産んだ同じ文法構造をもう少しだけ特殊化することによって、一つの自覚的な科学の視点が生まれることができる。かくて、現代科学の宇宙は、西欧の印欧諸語の基礎文法を体系的に合理化することから展開する。たしかに、文法は科学の『原因』ではない。科学は文法からただ一定の着色を受けるだけである。科学はこれらの民族語が支配的だった世界の一部で、商業・計算の体系・製造・技術的発明などを刺激した一連の歴史的な出来事の結果、このグループの諸民族語の中に現われたのである」(ウォーフ、前掲書)。

このような限界があるのに、私たちはどのようにして、分別的な認識の「結果としての世界」のあり方だけでなく、分別作用そのものを解明できるのか、これもすでに述べたが、「私とは何か、死とは何か」を論じるために重要なことなので、もう一度まとめておこう。

その方法は二つある。一つは仏陀が行なったように、修行によって分別作用を停止し、言語の関与を超えて実在を経験することである。しかしこの方法は、言語が大脳の構造（神経回路網）として持たれ、分別作用が本人の意思と無関係に絶え間なく行なわれているので、ふつうの人間には難しい。

もう一つは本書で私たちが行なったように、諸民族語の構造を比較することによって、一人の人間にとっての「言語と世界像の構造の相同性」と、「諸民族語の構造の差異性」から推論することである。

もしあらゆる民族語の構造がまったく同一であるならば、認識作用が未分化の現象に区別の相を与える作用であっても、哲学的な省察は認識のその性格を解明できないだろう。だから哲学者が一つの民族語のなかで反省していたときには、「個物の集まりである世界」は、実在世界自身の相であると見なされるか、あるいはカントが主張したように、認識主体が先天的にもっている制約の結果と見なされ、真実は解明できなかった。また反対に、各民族語の構造が、互いに翻訳できないほどに異なっている場合にも、認識のその性格は解明されないだろう。しかし類似性と差異性が同時に見いだされるとき、哲学的な省察は、私たちの認識が未分化の現象に多少とも恣意的に区別の相を与えることであると理解し、諸民族語の多様な世界像を見わたす視点への飛躍を促されるのである。

その視点は、悟りの体験で仏陀がもった視点である。仏陀のような修行を経ない私たちはその視点に身を置いて実在世界を体験することはできないが、超越論的な推論によって接近することができるのである。

「未分化な客体とそれを区画構成する主体だけが、あらかじめ独立して存在し、この世界のすべての個物は区画構成した結果として存在する」という私たちが至った奇妙な二元論は、「人間が言語を創造し、その結果、未分化な現象を実体的な個物に区画構成する分別的な認識が可能になった」という解明の結果として引き受けることになった結論である。しかしそれは私たちの省察が「分別された世界」についての知を対象としていることから起こる限界であり、私たちが飛躍を促される視点から見れば、「人間が言語を創造した」という表現は正確ではない。この視点から見れば、言語も人間も人間が言語に基づいて分別する諸物も、未分化な実在世界自身のところに相互依存的に生まれたのである。あたかも深い闇が数万年の時間をかけて次第に明るくなって、さまざまな個物が姿を現わすように。

「死を怖れる私」とは(私の)言語である

したがって、「私」は区画構成的な認識を可能にする「条件として」考えなければならないものではなく、区画構成的な認識の「結果として」存在するようになるものである。この人間に固有の認識は、どのようなものとして「私」を分別するのだろうか。

だれもがまず思いつくのは、「身体である私」だろう。たしかに「私」は「私の身体」を離れては存在せず、身体である私は、世界を構成するさまざまな個物の一つとして、とくに犬や猫や鳥などと同じような命をもった動物の一種として分別されている。

しかし、「死が怖ろしい私」「消滅を怖れている私」は、「身体である私」とイコールではない。「私」は身体が消滅すれば消滅せざるをえないものであり、身体から自由になれない。だから私たちは身体の消滅を怖れるけれども、厳密には身体とは別のものとして分別されている。一方また「愛しい私」も身体とイコールではないと思われる。ギリシャ神話のナルシスのように「身体である私」を愛しいと思う人もいるだろうが、私の身体が愛しいのは、やはりそれが「私」を宿していると考えるからであろう。

「死が怖ろしい私」は、第一に外界をさまざまな個物の集まりに区画する主体としての「私」

である。外界の個物（類のイメージ）は、すでに見たように「私にとって何のためのものか」という基準で区画されるので、その「私」はいつも世界の中心にいる。世界の中心にいる「私」が、外界にさまざまな個物を見て、私が幼児のときから構成してきた世界の一部として取り入れ、その示差的な意味（私にとっての意味）を了解し、適切な行動を選んでいるのである。

この分別作用の主体としての「私」は、私の身体とイコールではなく、むしろ身体の一部分に、個物を見る眼差しの奥に存在しているように思われている。しかしながら、眼差しの奥の「私」の座にあるのは言語についての体系的な知（生理学的に言えば大脳の神経回路網）であって、それとは別の「私」は見いだされない。

つまりこの「私」は、言語についての体系的な知そのものであり、私たちはふつう「私が、言語についての体系的な知を用いて、世界を認識する」と考えるが、むしろ「言語についての体系的な知が、世界を認識する」と言ったほうが正確なのである。

さて、言語は一方では私の頭のなかに、大脳の神経回路網として存在するものでありながら、他方ではその構造に基づいて分別された世界の全体と対応しているという両義性を帯びている。このことから、「私」もまた両義性を帯びる。つまり、分別作用の主体としての「私」は、世界を構成している個物の一つであり、眼差しの奥の、広がりをもたない点のようなものと考えられているが、同時に「世界の全体」という性格も帯びているのである。

日本語を母国語とする人々は、何万年もの日本人の歴史が創りあげた「世界の区画構成の仕方」を身につけるのであるが、全員が同一の「言語についての体系的な知」を得るのではない。私たちはみな各自の置かれた環境と経験の違いによって、似てはいるがそれぞれ異なった言語についての体系的な知を形成し、それに基づいて世界を区画構成している。つまり、私たちが認識している世界は個性のあるものであって、それぞれ「私の世界」というべきものである。

言語のあり方には「このような構造であるべき」という規範はなく、一定の集団が（具体的には民族が）類似した構造の言語を、世界を区画構成する仕方として用いているという事実によって存在しているだけである。

「私の言語」とともに「私の世界」もまた、身体の死によって消滅する。消滅を怖れる「愛しい私」とは、私が幼児のときからその中心にあって慣れ親しんできた「私の世界」のことであると思われる。

「私とは何か」という問いに対して、「私」とは心理的には「（私の）言語についての体系的な知」であり、生理的には「（私の）神経回路網」であると答えるほかはない。言語は私たちの知情意のすべての活動に関与しており、通常は一瞬たりとも分別的な認識を停止することはできない。それゆえ、このように知っただけでは死を超えることはできないが、「死を怖れている私」が分別的な認識にのみ存在していることは確かである。

付け加えるなら、この「（私の）言語である私」は実在世界の現象と対応している現実的なものであって、魂のようなものとして考えられている「私」と同類ではない。後者は実在世界の現象とは無関係に、妄想されたものである。私たちは死の恐怖から、死によって滅びない「私」を妄想するのである。

郵 便 は が き

お手数ですが
切手をお貼り
ください。

102－0072
東京都千代田区飯田橋３－２－５
㈱ **現 代 書 館**
「読者通信」係行

ご購入ありがとうございました。今後の刊行計画の参考とさせていただきますので、ご記入の上ご投函ください。

お求めいただいた書籍のタイトル

ご購入書店名

書店 **都道府県** **市区町村**

お名前《ふりがな》

ご住所

TEL

Eメールアドレス

ご購読の新聞・雑誌等

特になし

上記をすべてご記入いただいた読者の方に、毎月抽選で５名の方に図書券５００円分をプレゼントいたします。

書のご感想をお書きください。

書をお買い上げになった動機（複数回答可）

新聞・雑誌広告（　　　　　　　）2. 書評（　　　　　　）

人に勧められて　4. 小社HP　5. 小社DM

実物を書店で見て　7. テーマに興味　8. 著者に興味

タイトルに興味　10. 資料として

. その他

記入いただいたご感想は「読者のご意見」として匿名で紹介することがあります。

新規注文書↓（本を新たに注文する場合のみご記入ください。）

名	冊	書名	冊
名	冊	書名	冊

指定書店名

書店　都道府県　市区町村

なお、ご記入いただいたデータは小社での出版及びご案内やプレゼントをお送りする以外には絶対、使用致しません。

第五章　言語はなぜ生まれたのか

人間とチンパンジーを分けた言語

「人間と他の動物たちとはどこが違うのか」——これは古代から私たち人間にとって興味深い疑問だった。哺乳類の動物と外観を比べれば、多くの類似性が見いだされる。同じように二つの目を持ち、耳を持ち、一つの鼻と口を持ち、四肢を持って動き回る。物を食べて排泄する。声を発する。オスとメスが性交を行なってやがて子どもを産む。だから人間は動物の一種に違いない。しかし一方では人間だけが衣食住に関わるさまざまなものを自ら作り、スポーツや芸術や宗教儀式など、他の動物から見れば奇妙な行為を行ない、自殺をしたり戦争をしたりもする。この違いをみると、チンパンジーと犬のあいだの違いよりもずっと大きな断絶が、人間とチンパンジーのあいだにはあるように見える。

この断絶に注目するならば、人間と動物はもともと本質的に違うものとして創造されたのだというキリスト教の教えも、出現するべくして出現したと思えてくる。聖書によれば、人間は宇宙を創造した神自身に似せて創造されたのであり、他のすべての動物はその人間のために創造されたのである。

類似性のほうに注目する進化論は、動物は単純な仕組みのものから複雑な仕組みのものへと進化してきたと考える。およそ七〇〇万年前に人間とチンパンジーの共通の祖先から両者が分かれたという。

進化論によれば、あらゆる生命は自己の増殖を目的として活動している。自己を複製する遺伝情報によって増殖が起こり、その情報を伝えるのが遺伝子である。そして、進化と呼ばれる生命界の形の変化は、遺伝子の突然変異と自然選択によって起こる。

突然変異は宇宙線や化学物質などの影響で起こるが、何の目的性もなくすべてランダムに起こる。多くの突然変異は生命にとって有利なものではなく、死滅して終わる。しかし、ごく少数の突然変異はいっそう環境に適応し、生存闘争に勝ち残り、この自然選択によって増殖することになる。こうして、より複雑で高等な動物が生まれていく進化が起こるという。

現代では、あらゆる動物は遺伝子によって決定された感覚と行動のメカニズムにしたがって生活していると考えられている。後天的に個体の学習によって行動のパターンができることもあるが、その役割は大きくない。また、後天的に個体が学習によって獲得した形質は遺伝しない。したがって動物の世界では、いっしょに生活する親の世代の影響を多少は受けるかもしれないが、祖先の営みが個体の生活に影響することはない。どの個体もゼロから出発して経験を積み重ね、一生を終わるのである。

科学者たちは、当然この進化論をチンパンジーと人間が枝分かれした過程にも当てはめようとする。そして、文明を生んだ人間と生まなかったチンパンジーの違いを決定した遺伝子を見つけようとしている。近ごろはとりわけチョムスキーの「先天的言語機構」という仮説に触発され、言語をつかさどる遺伝子を探そうとしているが、成功しているようには見えない。

そのような遺伝子は将来も見つからないだろう。しかしだからといって聖書が説くように、人間と他の動物を「はじめから異質なもの」と考える必要はない。このジレンマは言語の驚くべき役割を解明できていないことから生じるジレンマであって、人間の言語が本書が主張するようなものであれば、遺伝子の変化によっては説明できないこの大きな違いが説明されるのである。

人間の言語は自然なものではなく、歴史の産物である。人間の声の体系は祖先の営みを受け取って蓄積する道具として働き、その結果今日私たちがもっているような複雑な言語となった。

だから、たとえば人間の乳児を人間社会から隔絶された環境で育てたとしたら、何千人いても彼らは言語を生まないし、類人猿とほとんど変わらない生活をするだろう。それは彼らが歴史の伝承を得ないからである。

したがって「人間と動物の生活の、この大きな違いがどうして起こったのか」という問いは、「人間の言語がなぜ生まれたのか」という問いに答えるときにはじめて解明されると思われるが、これが容易ではない。「言語がなぜ生まれたか」という課題には、何万年もの長い時間を考慮に入れなければならないという困難が立ちはだかっているのだ。

この点も、すでにベンジャミン・リー・ウォーフが正しく指摘していた。

「わが惑星に広がる言語の網の信じられないほどの多様性を正しく認識するならば、われわれは次のような印象を与えられるであろう。

――人間の精神は想像もつかないほどに古い。

――われわれが書かれた記録を持っている数千年の歴史は、この惑星での人間の経験を測る尺度では、ペン先でつけた線の厚みによってしか表わせないほどに短いだろう。

――最近の数千年の出来事は、進化という観点からは何も表わさないほどのものである。

――いかなる前進する飛躍も突然に実現されたことはない。

――最近の数千年に人類はいかなる主要な総合を成し遂げたのでもない。測り知れない古い過去から伝承された、自然についての言語的な形相化と諸表現のうちのいくつかを、少しばかりもてあそんだにすぎない」（ウォーフ、前掲書）。

言語の形成史を一冊の本に著し、各ページに一万年の出来事を記すとすれば、その本は少なくとも二〇〇ページの厚さになるが、私たちがかなりよく知っている文明の歴史は最後の一ページにすべて書かれており、残りの一九九ページには化石の資料しかない。しかも言語の形成史は人間の大脳やその他の生理的な能力の発達史と並行しており、現代人と同じ能力をもった人々が言語を創造したのではない。サルと枝分かれした人間の祖先が人間になっていく歴史と言語が形成されていく歴史は、同じ一つの歴史なのであって、それはいわば闇の中から少しずつ光の中に出るようなものである。この点も私たちに立ちはだかっている大きな困難である。

しかしながら、私たちは言語の形成過程について理解することをまったく諦めなければならないのではない。私たちは「言語がなぜ生まれたか」という課題に、言語学や発達心理学や人類学や脳科学の成果から、超越論的な推論によって接近することができる。

このような推論は、本来ならば科学者たちに任せておけばよいのであるが、またそれを論じる本も少なくないが、ほとんどが的外れの議論を展開していると言わざるをえない。その理由は、ほとんどの研究が反映論を前提として、言語を単に認識された内容の「表現の道具」と考えているからである。だから、類人猿が使う啼き声から論じようとしたり、鳥の囀《さえず》りから論じようとしたりすることになる。

『ことばの無明』で行なった超越論的な推論からおよそ四十年が経って、人類学や脳科学の新たな成果もあり、いくらか自説を修正したいところもある。本書の目的のためにも必要なので、今では素人の私が行なうことになるが、あえて概略を論じておきたい。

言語が生まれるために必要な諸条件

人間がもっているような言語が生まれるためには、いろいろな条件が必要である。思いつくままに挙げれば、㈠大きな脳、㈡早産されて、未熟な脳を持って生まれてくる新生児（難産化と早産による克服）、㈢三〇個くらいの音素に分節されることができる多様な声（声の役割）、㈣伝達行動を通じて言語体系を共に支えることができる規模の集団生活（集団生活の意義）、などである。

㈠㈢㈣はいずれも、個別に取りあげれば他の動物種も持っている。クジラは人間よりはるかに大きい脳を持っているし、クジラや幾種類かの小鳥は多様な声を出せる咽頭を持っている。またハチやアリや野生のウマも集団生活をしている。㈡の未熟な脳を持って生まれてくる新生児という条件だけが、人間に固有の事柄であり、あとでその重要性を論じるが、順番に見ていくことにしよう。

人類学によれば、人間の場合は、このうち㈠㈡㈢は直立二足歩行の結果として生じたものであるとされる。最近の人類学は、ヒトと類人猿を区別する根拠をその直立二足歩行に求めている。

人類学は今までのところ二〇〇一年にアフリカのチャドで発見されたサヘラントロプスの化石を最古のものとし、ヒトとチンパンジーの共通の祖先から枝分かれしたのは約七〇〇万年前と推定している。その骨は、頭蓋に開いた大後頭孔の位置、骨盤の幅の広がり、大腿骨の角度や大きさなどの特徴から、直立二足歩行をしていたと考えられるという。

それから現在までのあいだに、分かっているだけで二〇以上もの種が現われては滅亡したが、もちろんそれらの種が相互に何の関係もなく突然現われては滅亡していったとは考えられない。脳の容積は三五〇ccくらいだったものが、次第に大きくなって私たちの直接の先祖と見なされるホモ・サピエンスでは約一四〇〇ccと、およそ四倍になる。また人骨とともに発見される文化の形跡も、ようやく二〇〇万年前ころから現われ、はじめは単純な礫《れき》石器だけであるが次第に多様になり高度なものへと発展していく。石器では精巧な剝片《はくへん》石器や尖頭器、石の器《うつわ》なども見いだされるようになるし、石器以外の遺物も増えていく。約一〇〇万年前には火を使用した痕跡が見いだされ、約一〇万年前のネアンデルタール人の遺跡からは簡単な埋葬の跡が、またホモ・サピエンスでは、壁画、装身具、楽器なども発見されるようになる。

このような化石記録から彼らの言語能力に関する直接の証拠は見つからないが、超越論的な推論にとっての証拠は手に入る。

第一に、「文化の量が次第に増えていく」ということは、単に脳の肥大化だけでは説明しにくく、世代を超えた知の伝承と蓄積があったと推測させる。したがってそれは言語があったことの証拠である。繰りかえしになるが、言語を持たない動物は、祖先たちの営みが伝承されないので、どの世代もゼロから出発して彼の世界を形成しなければならない。言語の体系は、ヒトの集団の中で経験を「伝達」するための道具であるだけでなく、祖先たちの営みを世代から世代へと「伝承」するための道具であり、言語を持つことによってヒトは文化の量を増やし、遺伝子に決定された行動のパターンを抜けだしたのである。

したがって、七〇〇万年の人類の歴史を通じて、文化の量がゆっくりと増えていくことから、「人類の歴史のどの時代に、どの種のなかに言語が生まれたか」と問うのは誤りというべきである。何らかの困難に突き当たって一つの種が滅んでも、その種の一部は突然変異によって困難を克服して、別の種として発展していく。人類の種のなかに見いだされるたくさんの種の誕生はそのような出来事であって、人類の歴史の全体を通して言語が形成されてきたと考えるべきであろう。

この驚くほど長い歴史をその重みのままに想像することは難しい。

フランスの人類学者ルロワ・グーランは、約二〇〇万年前の猿人オーストラロピテクスは言語をもっていたと主張している。その根拠は彼らの化石が明らかに人工のものと判断される礫石器をともなっているからである。

「一つのチョッパー（核石器）を作るとき、オーストララントロプス（注：ルロワ・グーランは彼らを〈南方の類人猿〉ではなく、〈南方の猿人〉と呼ぶべきであるという）は目的の道具をすでに微かに予見していた。というのは、彼は小石の中から一つのチョッパーを産み出せるような形の小石を選ばねばならなかったからである。偶然の役割が大きく、製作者の個人的な介入はわずかな役割しかなかったとしても」（ルロワ・グーラン『身振りと言語』）。

つまり彼らは欲しい石器のイメージをもっていた。また、彼らは狩りに出発する前から、獲物が目の前にいないのに、道具を準備することができた。これは彼らが頭の中に獲物のイメージをもっていたからであり、私たちが論じてきたことが正しいのならば、そういうことができるのは、彼らが音の形（言語）を核として現象の類似した特徴を「ひとまとめ」にするという認識方法をもっていたからである。

もちろんこれはオーストラロピテクスが突然に実現したということではない。私たちから見れば些細なことでも、その段階に進むまでに数百万年の時間が費やされたのであり、その闇の中の時間がなければオーストラロピテクスも出現しなかった。しかし少なくとも二〇〇万年前には、言語の存在の証拠が見いだせるのであって、「人間の言語の歴史は少なくとも二〇〇万年の歴史をもっている」と言わなければならないのである。

(一) 大きな脳

直立二足歩行をするのは人だけである、猿が木の枝にぶらさがる姿勢（ブラキエーション）やチンパンジーが手の指の背面を地面につけて歩く姿勢（ナックル・ウォーキング）は、少しは似ているが、彼らは日常的に直立二足歩行をすることはない。

ヒトがなぜ直立二足歩行をするようになったかは、よく解っていない。いろいろな説があるが、本書の議論にとっては重要でないので、ここでは立ち入らない。本書の議論にとって重要なのは直立二足歩行の原因ではなく、それがどんな変化をもたらしたかである。

多くの人が指摘する変化の一つは、「脳が大きくなった」ということである。直立した結果、頭部が上体の真上にきて首の負担が少なくなり、これが大きな脳を持つことを可能にしたと考えられる。他の動物では頭部は首の前にあって、重い頭部を支えられないのである。そして脳の肥大化をもたらした直接の原因は、食性の変化、草原に出たヒトが肉食を始めたことではないかと推測されている。武器がなければ草原に出たヒトは弱い動物であり、狩りをして食べることなどできない。はじめは肉食獣が殺した獲物の死肉漁りをして、主に骨髄を食べるようになったのではないかと推測されるが、骨髄つまり長骨（四肢の骨など）の中の造血組織はきわめて高カロリーである。一方脳はエネルギーを大量に必要とする臓器で、体重のわずか二パーセントなのに、カロリーの二〇パーセントを消費する。そこで、高カロリーの肉食をするようになったヒトに、脳の肥大化が起こったのではないかと考えられている。

言語が生まれた理由として多くの人が指摘するのも、この大きな脳である。たしかにチンパンジーの脳容積が約四〇〇ccであるのに対して、オーストラロピテクスは三〇〇から五〇〇cc、ホモ・ハビリスは六〇〇から八〇〇ccと少しずつ肥大し、ホモ・サピエンスにいたっては一二〇〇ccから一四〇〇ccになる。脳が肥大化する歴史と言語が複雑化していく歴史は並行しているように見える。両者に関連があることは確かだと思われるが、「大きな脳の大きな能力が言語を生んだ」ということは、あまり意味がない主張である。

単に脳の大きさの比較なら、マッコウクジラの脳は約八キログラムで、ヒトの六倍もある。体重との比ならマッコウクジラは〇・二パーセントでヒトの一・八パーセントより小さいことになるが、ネズミの脳は体重の一〇パーセントもある。また、小頭症の患者は新生児のときにチンパンジーと同程度の脳容積であっても言語を習得するが、チンパンジーをヒトの子どもと同じ環境で育てても、言語を習得しない。こうした事実は、脳の肥大化は言語を生んだ条件の一つであっても、人間の言語を非常に複雑な構造のものへと発展させ文明社会を生むことになった、決定的な条件ではないと推論させるのである。

(二) 難産化と早産による克服

直立二足歩行がもたらした第二の変化は、女性の産道が狭くなり、脳の肥大化とあいまって出産が困難になったということである。直立二足歩行の姿勢は、そのままでは内臓が下に落ちてしまう。下に落ちないように骨盤が横に広がることで、また内臓を支える筋肉が発達することで対応したが、その両方が出産を困難にした。骨盤の形の変化から、女性の産道はS字状のカーブを持つようになり、胎児が通りにくくなる。また骨盤隔膜や尿生殖隔膜などが発達すると、それが産道の出口をふさぐ構造になったという。このヒトに特徴的な骨盤の形は、すでに猿人の段階で認められる。

現代でも、ヒトの女性は哺乳類のなかで一番難産である。分娩の所要時間は初産で平均十五時間もかかり（チンパンジーは六時間）、陣痛も激しい。医学の進歩で改善されたが、江戸時代には女性の死因の四分の一以上であったという。脳の肥大化はきわめてゆっくり起こったので、何百万年ものあいだ難産の程度は小さく、種全体の危機とはならなかったかもしれない。しかし、胎児の頭がかなり大きくなる原人の段階になると、それによって女性の死亡率が上がり、出生率が下がって、ヒトは危機的な状況に陥ったと推測される。

想像をたくましくすれば、二〇万年前に絶滅したとされるホモ・エレクトスやホモ・ハイデルベルゲンシス、三・五万年前に絶滅したとされるホモ・ネアンデルターレンシスは、この危機に対応できずに、人口減少をまねいて絶滅したのではないだろうか。そして、この危機に対して、「胎児の頭がまだ小さいうちに早産してしまう」という手段を獲得して克服した種があった。それが二〇万年前ごろに生まれたという私たちの祖先、ホモ・サピエンスではなかったか、と私は推測する。

類人猿も含めて、ヒト以外の哺乳類はメスの産道の直径と胎児の頭の大きさのあいだには隙間があり、出産はあまり困難ではない。ヒトの場合だけ両者の直径がほぼ同じで、胎児は産道を通りにくい。また産道の形が途中で変化しているため、胎児は分娩の途中で姿勢を変えなければならない。

直立二足歩行がもたらしたこの困難に対して、ヒトの祖先はいくつかの突然変異を生んで対応したことが、ヒトの女性と胎児の特徴によって分かる。

ヒトの頭骨は二三個の骨で成り立ち、成人ではしっかり結合している。しかし胎児では、膜でつながっていて、膜状の隙間がある。この特徴を使って、胎児は産道を通るときに頭の形を変形させながら出てくる。直径一〇センチの産道を通るため、胎児は頭の幅を四センチも狭くすることができるという。これが生まれたばかりの赤ん坊の頭が「いびつ」である理由である。

次に、産道の口径を大きくするために、女性の骨盤の形が変化したし、骨盤の骨は「靭帯」で結合している。そして女性はリラキシンというホルモンの働きで出産時にこの靭帯を緩めることができるという。

こうした変化で対応できないほどに脳が肥大化したとき、他の種は絶滅してしまった。ホモ・サピエンスだけが、「胎児が出てこられる限界の時期に早産してしまう」という突然変異を獲得して、危機を乗り越えたのではないか。

他の哺乳類と同程度の成長段階で出産するなら、ヒトの妊娠期間は二十一ヶ月を要する。その場合、新生児の体重は九キログラム、頭囲は三〇パーセントも大きくなるという。これではとても出産できないので、ヒトは十二ヶ月も早く出産するのである。もちろん一挙にそうなったのではなく、ホモ・サピエンスの歴史のなかでも脳の肥大化にともなって出産の時期もいっそう早まったのだろうが。

さて、早産された新生児の脳は、すでに一四〇億といわれる神経細胞を備えている。一つの神経細胞は数千から数十万の樹状突起を出して、他の神経細胞とつながり、ネットワーク（神経回路網）を作る。早産されたヒトの脳は、誕生時には成人の約二五パーセントしか神経回路網ができておらず、生後一年間に急速につながり、ようやく十歳ころに完成するという。

ヒトの脳は成熟の緩慢さが特徴である。サルの脳は成熟が早く、神経回路網は彼が先天的に持っている設計図にしたがって作られるが、ヒトの場合は、環境の影響を受けて作られる。ここに、「外にある設計図」にしたがって作られる可能性が開かれたのである。

この「外にある設計図」が、世代から世代へと伝承される「言語とイメージの一対の体系」であると考えられる。

ポール・ショシャールは言語についての体系的な知と神経回路網との関係を次のように推論している。

「一つの語はニューロンの中に貯蔵された何か不思議な物質ではなくて、数百万のニューロン間の機能的な諸関係の一定の相である。巨大な電子計算機の機械的な思考は、われわれの思考と、その機能の仕組みにおいて基本的に変わらない。つまり、両方とも電流が記号化された情報を送り、閉じた刺激の回路を流れて、直ちに記憶を拾い出す」（ショシャール、前掲書）。

この推論は「言語についての体系的な知」に対応している神経回路網が左脳に収められている

ことからも支持されよう。人間は一日中、一分間につき一五〇もの言葉を理解しているが、このすさまじい量の計算処理を行なうために、左脳に局在しているほうが都合がよいという。

すでに論じたように、実体的で類的なイメージをもつには言語が必要であって、言語の歴史は少なくとも二〇〇万年前までさかのぼる。それでも早産化によって未熟な脳を手に入れるまでは、言語の体系は複雑なものになりえず、本能的な認識と行動のパターンに「付け加えられた認識」という程度のものであったろう。

しかし、脳の神経回路網として身につけるという仕方で言語の習得が可能になると、前の世代がもっている言語は幼児期に無自覚的に伝承され、各世代がそれをいっそう複雑化していくという仕方で発展していく。この伝承と蓄積が何万年も続いた結果、チンパンジーと人間の世界は大きく離れていったのだろう、と私は推論する。サヘラントロプスからホモ・サピエンスに至る七〇〇万年もの長い時間は、人間の文化が花開くための長い準備期間であったが、新生児の未熟な脳を手に入れなければ実現しなかったのである（この「花開く」という表現に、私はためらいも感じている。言語がもたらした人間の認識方法は、命の世界に驚くほど大きな変化を生んだが、それが幸せなことであったか不幸なことであったかは分からない。自然界の奇形として、癌細胞のようなものとして人間が生まれたという見方もありうる）。

㈢ 声の役割

人間の言語が生まれた理由は他にもあるが、詳述するのは本書の目的から外れている。ただ、「声の役割」と「集団生活の意義」については、研究者が反映論を前提にしているために、誤った議論が多いので、その点だけ注意しておきたい。

反映論を疑わない者は、言語の形成過程は、「あらかじめ認識されている物や事態が、どのような音の形と結合し、その音の形をシンボルとするようになるか」という過程だと思い込んでいる。ギリシャ哲学以来の自然主義と規約主義の論争は、その思い込みの上に成り立つので、どちらも間違っている。

音の形とその指示するものである個物や事態は、「結合した」のではない。はじめから一対だったのである。類人猿も九種類から一五種類くらいの啼き声を区別し、それぞれ警戒、威嚇、苦悩などを表出していることが観察されているが、ヒトの祖先も似ていただろう。今までの議論から、これらは言語とは言えない。啼き声もそれが示す現象の特徴も「体系」ではなく、「示差的な意味」が了解されていないからである。しかし一定の特徴をもった声と一定の事態がもともと対応していたということは重要である。というのは、ここで類人猿に欠けているものは、体系的に見る視点であり、その視点からの理解であって、脳の肥大化がその視点を与えたと推測することができる。そうなれば、あとは両方の体系を並行的に区分し複雑化する運動があれば前に進むことになる。すでに述べた経済性の原理と「人間にとって何のためのものか」という目的論的な原理にしたがって、両方の体系は支え合いながら複雑化していくのである。

耳の不自由な人のために、手話が考案されている。それをみると、言語が音の形である必然性はないように見えるが、音声言語の体系があってはじめて手話の体系ができるのであり、それはむしろ文字の体系に似たものである。

ルロワ・グーランは、直立二足歩行によって「手が歩行から解放され、食物取得のための口の役割を引き受け、その結果、食べるとき以外は口が遊ぶようになった」と言い、利用の容易さのために身振り手振りでなく音声が言語として選ばれたと考えているが、それは疑問である。犬などに比べて大いに視覚に依存しているヒトの場合、他の活動を邪魔しない聴覚を利用するほうが都合がよいし、身振りはもっぱら他者に向けられるが、声は他者に向けられても同時に自分の耳にも向けられるので習得するためにも都合がよい。そのような利点は言語構造の複雑化を速やかにしただろうが、決定的な理由は、音声の形と外界の現象とは、身振り手振りとは違って「もともと対応関係をもっていた」ということである。

㈣ 集団生活の意義

直立二足歩行がもたらしたさまざまな肉体的な変化が、言語を生みだす必要条件であったが、これらをすべて備えたとしても、ヒトが群れの習性をもっていなかったら、言語は生まれなかった。

反映論を前提にしている人も、この点は同意するだろう。彼らの考えでは、言語は認識内容を他者に伝達するための道具として生まれたのだから、仲間がいなければ必要がない。

しかし、そうした視野には、ヒトに固有な認識の仕方を創るという言語の深遠な意味は見えてこない。ヒトは何万年もの歴史を通じて、未分化の音声と未分化の実在世界を、言語とイメージの一対の体系として区画構成してきた。その結果、他の動物が閉じ込められている本能的な認識と行動のパターンを脱し、ヒトだけがもっている複雑な文化を創りだした。

この創造は、実在自身のあり方において決定されている道をたどるのではない。それぞれの民族語は多少とも恣意的に創られるので、ただ集団が使っているという事実だけが言語の存在を支えている。どの民族語も何万年もの創造的な営みの伝承と蓄積として生まれたものだが、一世代でも伝承がとぎれれば滅んでしまう。

この創造は、言うまでもなく個人の創造力でできることではない。想像することが難しい仮定だが、一個人が驚異的な能力で、何の伝承も受けずに言語の体系を創りだしたとしても、それは他者といっしょに支えるものでないゆえに、狂気でしかない。反映論の世界観を前提にすれば、言語の存在は実在世界を「写し取っている」ということによって価値をもつ。しかしここでは、ただ集団が同じ言語を使い、同じ世界を生きているということによってのみ、その存在を支えられている。

したがって、言語の創造にも維持にも、「集団に共通のものであること」という条件が不可欠なのである。ヒトの集団はお互いの「伝達」を通じて、世界認識の仕方を創る創造力をはじめて発揮できたし、また幼児期の言語習得つまり「伝承」を通じて、過去の世代の創造的な営みを蓄積することができたのである。

他者は、「言語とイメージの一対の体系」つまり分別的な世界像をいっしょに支えているものであり、その意味で、「自分と同じような主体」として、もっと言えば「彼がなければ我もない大切なもの」として区画構成されている。ただし、言語が異なるとどうか。古代ギリシャでは、同じ民族でない者をバルバロイ（野蛮人）と呼んだが、その原義は「小鳥のように囀るもの」、つまり同じ言語を話さず、意味不明の声を発するものという意味であった。民族を分けるものは、認識の仕方としての言語であり、この差異を倫理的に克服して平和な世界をつくることは難しい。丸い地球の中で平和に生きていくためには、それが必要なのは言うまでもないが、いまだに人間は達成していないのである。

ついでに言えば、「言語を統一して、だれもが同じ言語を使うようになればよい」という意見があるが、それは反映論を前提にしたとんでもない思い違いである。人々が自明のように見なしている反映論の世界観では、実在世界のあり方に的中する認識が「真理」である。そして、現代の自然科学は、真理に到達していると言えないまでも、実在世界のあり方を現時点でもっとも厳密に写し取る認識であり、真理に近づきつつあると考えられている。言語は認識内容を表現し伝達する道具であるから、世界中にある民族語の多様性は、自然科学と技術の進歩で世界が一つになったのに、いまだに残っている不便にすぎない。

しかし、私たちが論じてきた世界観では、実在世界は未分化で構造を持たないのであるから、世界を構造化してみる人間の認識に的中性ははじめから問題にならない。実在世界をより厳密に写し取る認識とか、より正確に写し取る言語といった考えも成り立たない。さまざまな民族語には優劣がなく、価値判断のできないものとして、ただ並存しているのである。そして、何万年もの長い歴史が生んだその多様性は人間の世界の多様な可能性を示しており、それを一つに統一することは、可能性を狭めることである。多様性があるかぎり、たとえ一つの民族語とその文明が滅亡というゴールに行き着くことが見えてきても、人類は他の民族語の世界から危機を乗り越える道を学ぶことができるかもしれない。今日の世界をみると、経済的な支配によってヨーロッパ語とくに英語が共通語になりつつあるが、二つ目の言語としてならともかく、長い目でみると人類の歴史にとって危険なことであると私は思う。グローバル化という歴史の流れは、単に先進工業国による経済支配体制を堅固なものにするだけでなく、人間の価値観を画一化するという意味をもっている。大切なのは、むしろ反対に諸民族の世界観の多様性を認め、それを根底で支えている多様な言語を守っていくことであろう。民族間の対立という人類史を貫く問題は、お互いに相手の言語と世界像を尊重するということによって解決するほかはないのである。

第六章　言語に支配されている意識——狼少女カマラとヘレン・ケラーの世界

人間の言語が私たちの認識作用にいかに深く関与しているかを見てきた。私たちはこの言語の関与に気づかないで、私たちが見ている世界のあり方を実在世界自身のあり方と思い込んでしまう。

その理由の一つは、言語が脳の神経回路網として習得されるので、意識のあらゆる時間に関わっており、それゆえにかえってあまりにも自然で、その関与を自覚しないことである。二つ目は、言語は先天的なものではなく、誕生後に習得するものなのに、だれもが乳児期に無自覚的に身につけてしまい、例外が見いだせないことである。

仏教は、修行を積んだ人は言語が関与しない認識（無分別の認識）を体験できると説いている。言語の関与を超えて実在世界を認識できれば、真実が明らかになるが、実際にはそれは簡単ではない。一定の修行をすればだれでも体験できるものではなく、仏教の歴史を見れば、むしろいくら修行を積んでもほとんどの人は体験できないと言わなければならない。

言語の習得についての研究から、認識作用への関与を明らかにすることも、その普遍性や習得過程の一様さから難しい。しかし、人間の世界を注意深く探せば、非常に稀な例外が見つかり、その事例は私の議論を強く支持する。この章では、二つのいわば正反対の事例を取りあげて考えてみたい。

人間になれなかった狼少女カマラ

インドはカルカッタの南西約一三〇キロメートルのところにミドナプールという町があるが、その近くのジャングルで狼に育てられた二人の少女が発見された。一九二一年のことである。大きいほうの子は推定八歳くらい、小さいほうの子は一歳半くらいで、二人はそれぞれ「カマラ」「アマラ」と名づけられて、近くで孤児院を営んでいたシング牧師夫妻に養育されることになった。シング牧師はその記録を一冊の本に残し、日本でも『狼に育てられた子』という題名で出版されている。

二人はおそらく生まれて間もなくジャングルに捨てられたのだろう。インドの貧しい村では、当時もいわゆる「間引き」があったのである。そういう子は例外なく死んでしまうはずである。早産される人間の赤ん坊は、猿のように母親の胸にしがみつくこともできず、まして自分で食べものを得ることなどできない。したがって人間社会から隔絶されれば、まず生きていくことができない。だから成長した人間は例外なく人間社会の中で育てられたのであり、そのために乳児期に社会が与えた影響を正しく知ることが難しいのである。

ジャングルに捨てられたカマラたちは——信じられないようなことだが——狼の母親に育てられて生きていた。彼女たちは人間の文化から隔絶されて成長した子どもの、まったく稀有《けう》な例である（アヴェロンの野生児など、他にもいくつかの事例があって、言語学者たちに研究されているが、カマラたちの場合ほど明確な証拠とはならないと私は考える）。

「ジャングルに化け物が出る」という噂がもとでカマラたちは発見された。発見されたとき行動を共にしていた狼が、彼女たちを育てたのだろうと推測されたが、その奇跡のような母狼は、そのときに鉄砲で撃ち殺されてしまった。その母狼を主題にしても、命の世界について深い洞察が得られただろうと、私はとても残念に思っている。

さて、発見されたとき、カマラたちは長い髪を振り乱して四足で走る裸の女の子であったが、彼女たちの行動は人間というより犬に似ていたと記されている。彼女たちは手を使わずに皿に口をつけて食べ、ミルクも舌でピチャピチャと舐めて飲み込んだ。テーブルのような高いところに食べ物を置くと、膝立ちをして手を伸ばして取ろうとするが、二本の足で立つことはできなかったという。

感じ方も人間的でないようだと観察された。嗅覚が鋭く、あるときは七〇メートルも離れたところの鳥の死骸を臭いで知り、四足で走っていってそれを食べた。また目は夜のほうがよく見えるようだった。寒いとか熱いとかには無頓着で、衣服を着るのを嫌がったという。

牧師夫妻は、彼女たちを人間の世界に戻そうとして、さまざまな教育を試みた。とりわけ言語を教えようとし、たとえば乳幼児の集団といっしょにして、彼らと同じように時間をかけて憶えさせようとしたが、成功しなかった。

小さいほうのアマラは間もなく死んでしまったが、カマラはその後九年間生きていた。そして二本足で立って歩くようになったし、服を着たり身体を洗ったりといった生活習慣も身につけたが、それは訓練を受けた類人猿の行動のようなものだったのかもしれない。結局カマラはひとりの人間の少女になることはできなかったのである。

さて、このカマラの例をどのように解釈したらよいだろうか。言うまでもなく、犬に似ていると評されたカマラの行動は、彼女にとって「自然なもの」ではあるまい。彼女たちはたまたま狼の母親に育てられ、狼と行動を共にしてきた。それゆえに彼女が先天的にもっているさまざまな能力の可能性のなかで、狼のように動き回ったり、見たり聞いたり臭いを感じたりする能力を開発したのだろう。

しかしそれは、私たちのように人間社会の中で育った者の行動が、ヒト科の動物として自然なものであるという意味ではない。他の動物と違って人間の場合は、生まれて間もなくから乳幼児期の経験が、その後の感じ方や行動の仕方に大きく影響するのであり、遺伝子によって先天的に決定されている道をたどるのではないということである。つまり、カマラの行動が自然なものでなく、狼の行動に似てしまうように、私たちの行動も自然なものではなく、祖先の長い歴史によって創られたものであり、前の世代の行動に似てしまうのである。

これは、脳の神経回路網の大部分が、誕生後に作られ、環境の影響を受けて作られるという、人間だけがもっている特異な発達過程のせいである。

生理学的に言えば、カマラが狼のような能力を開発したのは、彼女の脳の神経回路網が狼の母親との生活を刺激として形成されたからであろう。逆に言えば、人間社会からの刺激がない彼女たちは、言語の習得に対応する神経回路網を形成しなかった。私たちとは異なった構造の神経回路網を形成してしまったカマラの脳は、もはやその結合をほどいて新しい回路網を形成しなおすことはできなかった。それゆえにシング牧師が言語を教えようとしても成功せず、人間的な感じ方も、ものの見方も、行動の仕方も身につけることはなかったと解釈されるのである。

カマラの例で解ることは、私たちにとってはごく自然に見える「二本足で立って歩くこと」さえ、自然なものではないということである。読者は、「ヒトは言語を創りだす以前から直立二足歩行をしていたではないか」と反論するだろう。たしかに猿人や原人にとっての直立二足歩行は、遺伝子によって先天的に決定された行動であったろう。しかし「言語とイメージの一対の体系」を創る長い歴史は、ヒトが次第に自然なものを失っていく歴史であって、私たちの感じ方、ものの見方、行動の仕方は、何がヒトにとっての自然か分からないほど人工的なものになっている。ものを食べる行為にも、セックスの仕方にも、愛し合ったり争ったりすることにも、ヒトにとっての自然が関与していることは間違いないだろうが、その形はヒトの歴史が創った文化の影響を色濃く受けている。そのような意味で、私たちにとっては、立って歩いたり走ったりすることも、もはや単純に自然なものとは言えない。カマラの例はそれを教えているのである。

私たちが「人間」になるには、何万年も前から伝承され蓄積されてきた祖先の営みを受け取ることが必要である。その伝承は言語というバトンを使って、誕生後のごく早い時期に行なわれる。ヒトの乳幼児が人間社会の中でしか育たないことから、そしてだれもが無自覚的に言語を獲得することから、私たちはこの伝承に気づかない。ひとり仏陀だけが、悟りの体験によって気づいたのだった。

仏教ではこの伝承の鎖を輪廻、業《ごう》、有為《うい》などの言葉で教えようとしている。私たちは生まれたときから「人間」なのではない。より正確に言えば私たちは「有情（心のあるもの）」であり、人間は地獄・餓鬼・畜生・阿修羅・人間・天人という六つの境涯のうちの一つである。私たち有情は業の果報を受け取って「人間になる」のである。狼少女カマラはこの伝承の鎖が切れてしまった、つまり仏教的に言えば輪廻の流れから逸脱してしまった例外なのである。

人間の世界に戻ったヘレン・ケラー

ヘレン・ケラーは一八八〇年に、アメリカ南部のアラバマ州で生まれた。三重苦を乗り越えて大学を卒業し、日本にも三度講演旅行に来ている有名人である。『ヘレン・ケラー自伝』などの著書も出版されているが、映画『奇跡の人』で知る人が多いだろう。

彼女の『自伝』によれば、生後六ヶ月で「こんにちは（ハウディー）」と言い、「お茶（ティー）」や「水（ウオーター）」などの言葉を使って周囲を驚かせたという。あとの経歴からも解るが非常に聡明な子どもだった。

一歳七ヶ月のとき、熱病で眼と耳の機能が失われた。つまり見ることも聞くことも、それゆえ話すこともできなくなり、彼女の感覚は臭いと味と皮膚感覚しかないことになったのである。『自伝』を書いた大学生のときに幼いころを回想して、ヘレンは「私は徐々に、自分を取り巻く静けさと暗闇に慣れていき、以前の状態を忘れてしまった」と書いている。

両親は暴君のように振舞うヘレンを愛情深く育てたが、ヘレンの将来に心を悩まし、北部の医者に治療を相談したり、ベル博士（電話の発明者で有名なベルである）を介してヘレンの教育を頼んだ。そして、熱病から五年後の六歳九ヶ月のときに、アン・サリバンが家庭教師としてやってきたのである。

サリバンも弱視だったが、二十歳のときに盲学校を最優秀の成績で卒業し、最初の仕事としてヘレンの家庭教師になったのだった。

サリバンはさっそくヘレンに言葉を教えようと試みた。人形、ピン、帽子、カップなど短い綴りの物をヘレンにわたして、指文字で彼女の手のひらにその名前を書くという仕方で、個物と名前が一対になっていることを教えようとするが、はじめのうちはうまくいかなかった。

だが数週間後に奇跡が起こる。井戸水を片方の手で受け止めながら、もう片方の手のひらに「ウォーター」という指文字が書かれたとき、ヘレンはそれが名前であることを理解したのだった。ヘレンはこう言う。

「すると突然、まるで忘れていたことをぼんやりと思い出したかのような感覚に襲われた――感激に打ち震えながら、頭の中が徐々にはっきりしていく。ことばの神秘の扉が開かれたのである。この時はじめて、ウォーターが私の手の上に流れ落ちる、このすてきな冷たいもののことだとわかったのだ。この『生きていることば』のおかげで、私の魂は目覚め、光と希望と喜びを手にし、とうとう牢獄から解放されたのだ！」（『ヘレン・ケラー自伝』）。

推定八歳だったカマラはなぜ言語を習得せず、七歳前だったヘレンはなぜ習得したのか。そのころに言語習得の臨界期があるとする議論もあるが、そうではないだろう。

ヘレンが言うように、彼女は「思いだした」のである。一歳七ヶ月で熱病にかかる前に、彼女はいくつもの言葉を習得していて、その中にウォーターもあった。文字を知らない彼女は、指文字が「ウォーター」という音の形を表現していると気づいたのではないだろう。彼女は水を片手に受けながら「ウォー、ウォー」と言葉にならない声を出したという。彼女はサリバンが何らかの物と同時に指文字を書くその意図に気づき、水がウォーターと呼ばれることを思いだしたのである。彼女はその日のうちに「母（マザー）」「父（ファーザー）」「先生（ティーチャー）」などの新しい単語を憶えたという。

私たちの議論に即して解釈すれば、「言語の体系に基づいて外界を実体的な個物に分けて見る」という認識の仕方は、すでに一歳七ヶ月までにかなり獲得されている。赤ん坊は八ヶ月から十ヶ月ぐらいになると、手や指で物を指すようになる。はっきりした音の形で物を指示するのはもっとあとだが、彼の脳の中では、すでに個物に分けて見るという見方が形成されているからだと思われる。
そのことに生理学的に対応するように、神経細胞のつながりは生後一歳までに驚異的に進むと言われている。ヘレン・ケラーの脳は、一歳七ヶ月までに人間の脳構造になりつつあり、その神経回路網は空白の五年間で失われることはなかったのだろうと推測される。

ヘレン・ケラーの自伝は、この他にも言語と認識の関わりについていろいろ教えてくれる。彼女の自伝は、健常者であっても優れた知性と教養がなければ書けないと思われる見事な文章であるが、注意深く読めば、三重苦の人が書いたとは思えない表現が少なくない。
少しだけ引用してみよう。ヘレンが八歳時の秋のこと、彼女の父親は狩猟が趣味で、山の別荘に大勢の客を招いて狩りを楽しんだことがあった。その朝の様子を、ヘレンは次のように書いている。

「夜明けになると、コーヒーの香りが立ち込める。男たちが歩き回り、猟銃がガタガタと鳴る気配で目が覚めた。今日こそ、狩猟シーズンの最高の日にしようと、意気込んでいるのだ。馬のひづめの音も伝わってくる。町から乗って来て、木につないでおいた馬だ。一晩中、そこに立たされていたから、狩りの出発を待ちきれず、いなないている。ようやく男たちは馬にまたがった。

そして昔の歌にあるように、手綱を鳴らし、ムチの風切る音とともに、猟犬を先頭に走りだす。そしてこの猟の名人たちは、『そら行け！』と犬に叫びながら、遠ざかっていった」

「コーヒーの香り」は三重苦のヘレンも感じられるものだし、「男たちが歩き回る気配」も、あるいは感じられるかもしれない。しかし、屋外の立ち木につないでおいた馬の「ひづめの音」や「いななき」がヘレンにどうして伝わるだろうか。「手綱を鳴らし、ムチの風切る音とともに、猟犬を先頭に走り出す」情景を、ヘレンの感性はどうして知ることができるのだろうか。

ヘレンは八歳のときに自分の目で見て、自分の耳で聞いた情景を思いだして書いているのではない。ヘレン自身が『自伝』の中で書いているが、出来事や情景を周りの人たちに、とりわけサリバン先生に言葉（指文字）で教えてもらうのである。彼女は「自分の考えと、本で得た知識との区別がきちんとつかない」と告白し、それは「私が手にする印象の多くが、他人の目と耳を介するためだろう」と言っている。つまりサリバンが指文字で教えた知識と、かつて本で読んだ知識とから、狩りに行く朝の情景を言語世界の中で知っており、それを想起して描いているのである。

私たちと異なることは、彼女のその言葉には私たちが思い浮かべるような視覚的な、または聴覚的なイメージが対応していないということである。もちろんそれはヘレンの言葉に何のイメージも対応していず、言語世界だけがあるということではない。生まれつき視覚に障害がある人も、たとえば人の顔や体の絵を描くことができる。それは触覚によって得た実体的な「まとまり」のイメージを表現したものであろう。ヘレンは犬を飼っていたし、八歳の夏には与えられた仔馬にも乗っていた。だからイヌやウマという言葉に対応する何らかの「類のイメージ」を作っていただろう。ヘレンは獅子《ライオン》も知っている。よもや獅子《ライオン》に触れる機会はないだろうから、獅子《ライオン》のイメージは「大きな頭や口、怖ろしい牙、長いたてがみ」といった言語による知識と、馬など、かつて触れたことのある動物のイメージから合成して作りだされたであろう。ヘレンの言語の体系もそれと一対のイメージの体系をもっていて、彼女の世界像も「実体的な個物の集まり」であるが、彼女の場合には「言語についての体系的な知に促されて（強制されて）、目の前の現象を区画し、知覚的なイメージとして見る」という、私たちがふつうに行なっている認識作用が行なわれていないということである。彼女の場合は、まず他人の言葉による知識が入ってきて、周囲の世界が構成されていくのである。

すでに見たように、言語は体系として成立し、その体系のなかで、一つの語は他のたくさんの語と一定の示差的な関係を帯びている。ウマは「ウシやブタやイヌではないもの」としてウマであり、イヌが「ワンワンと吠えるもの」であるのに対して、ウマは「ヒヒーンといななくもの」である。またイヌの歩く音はふつうイヌの示差的な意味として了解されないが、ウマは「ひづめの音をたてるもの」である。同様に、ハンターたちは「『そら行け』と犬に向かって叫ぶもの」なのである（読者はすでに気づかれているだろうが、本書では音の形としての「言葉」を示す場合は動物の名前をカタカナで表わし、個物の「イメージ」を示す場合は漢字で表記している）。

言語世界を生きているヘレン

ヘレン・ケラーが十二歳で盲学校に通っていたとき、一つの事件が起きた。彼女は『霜の王様』という短編の物語を書き、それを盲学校の校長に送った。校長は出来栄えに感心して、学校の活動報告に載せたが、しばらくしてその物語が盗作だと非難されることになった。キャンビーという作家が書いた『霜の妖精』という物語にストーリーも言葉づかいもよく似ていたのである。この事件はヘレンとサリバンを苦しめることになったが、ヘレン・ケラーの世界がどのようなものであるかを考えるときに興味深い出来事である。

ヘレンはキャンビー作の『霜の妖精』をある女性に読んでもらったことがあったが、それをまったく忘れていた。サリバンが調査した結果、それはヘレンが八歳のときの夏であった。

繰りかえしになるが、ヘレンの体験は残っている感覚を使ったもの以外は、サリバンたちから指文字で与えられる言語的な知識による。だれかが本を読んで与えた知識と、だれかがそばで見ているものについて与えた知識は、ヘレンにとっていわゆる「意味記憶」と「エピソード記憶」の違いであるから、混同されないように配慮されるのであるが、ヘレンにとっては後者にも知覚的なイメージがしばしば欠けており、両方とも言語的な知識として入ってくるのである。

しかも八歳時といえば、ヘレンが言葉を取り戻してからわずか一年余のことで、彼女は新しい言葉をどんどん彼女の言語世界に取り入れて、彼女の「世界についての体系的な知」を形成しつつあった時期である。それゆえに、『霜の妖精』の物語は、「本の中の出来事」という意味づけが抜け落ちて、彼女の世界の一部になってしまったのではないだろうか。

ヘレンは当時のことを回想して、「忘れられた『迷子の記憶』から物語が引きだされた」と言い、「当時の私は、原作者のことなど思いもよらない。読んだものすべてを、ただひたすら吸収していくだけだった」と書いている。

ヘレン・ケラーの『自伝』を読みながら、私は不意に悲しみに襲われた。

（汽車の）「窓の外の、美しいテネシー川、広々とした綿畑、山々や森」

（汽車が）「駅に止まると、黒人の群集が声を上げて笑い、乗客に手を振り、おいしいキャンディーやポップコーンを車内で売って回る」

（飼っていたオタマジャクシが）「やがてカエルになると、庭の隅の、草が生い茂った池に住んだ。

そこで彼は、夏の夜に演奏会を開き、一風変わったラブソングを聞かせてくれたのだ」

もちろんすべてとは言わないが、多くの場合彼女は実在に触れずに、「言語世界で今までに学習した言葉と言葉との示差的な関係をたどっている」だけなのだ。彼女の意識は言語に支配されている。そう気づいたとき、悲しみが私を襲った。なんと哀れなことだろうか。狂わんばかりに怖ろしいことではないか、と私は思った。

だが冷静に考えてみれば、私たち健常者も同じ状況を生きているのではないか。

私たちの意識も、実在世界自身のあり方を知ることはできない。私たちは外界に実在する個物を見ていると思っているが、実は乳幼児のときに無自覚的に身につけてしまう言語体系に基づいて、類化したイメージを見ているだけである。「言語に支配されている意識」という意味では、ヘレン・ケラーと何も変わらない。

このような人間の状況をかいま見ると、人は怖ろしさを感じ虚無に陥りそうになる。しかし人間の状況を冷徹に見つめれば、それは何も怖ろしいことではない。

繰りかえすことになるが、意識が言語に支配されていること自体は、良いこととも悪いこととも言えない。人間の認識の仕方は歴史によって創られたものである。何万年にもわたる祖先の創造的な営みが蓄積されてできたものである。その結果、人間だけが先天的な制約を超えて、文明世界を生みだしたのであり、この物理的にも精神的にも豊かな世界を人間だけが生きることができる。だが見方を変えると、この認識の仕方は自己の保存を目的として、人間中心的に創られており、自己中心的に創られている。その結果、我欲がぶつかり合い、弱肉強食の闘争の世界を生みだし、「私」の死を怖れる心を生みだしてもいる。科学技術の発展も必ずしも喜べない。人間はその力をもてあまし、この世界に地獄を作って自ら滅んでいくことになるかもしれない。

このような人間にとっての救いは仏陀の存在であると私は考える。悟りの体験によって、仏陀がこの分別的な世界と同時に「もう一つの世界」があることを教えていることであると考える。

犬も昆虫も蚯蚓《みみず》も、あらゆる動物は生まれつき持っている感覚能力を通じてしか実在に触れえない。だからその制約を超えた実在世界自身についての理解を望んでも叶《かな》わない。私たちの認識の仕方も他の動物と同じように先天的に決定されているならば、それを唯一の世界として生きるほかはない。

しかし、犬や昆虫や蚯蚓《みみず》と違って人間の認識の仕方は、言語の習得とともに後天的に身につけたものであり、それゆえに、それが脳の神経回路網として私たちを支配しているとしても、超えられないものではないのである。

真実に目覚めることができるのは人間だけである。言語を創造したために人間だけが「迷う」とも言えるが、人間だけが真実を覚《さと》って、その迷いを自覚するのである。

人間の世界が先祖の営みによって創られていることを、仏教では「業《ごう》」と言っている。業の何たるかを知らない人々は、自分たちが見ている世界を実在世界自身のあり方と見誤って、我欲のままに弱肉強食の闘争に明け暮れている。昔も今も、何千年も無用な殺し合いを続けている。これは仏陀が説くように「一切皆苦」の苦しみの世界である。

仏陀は我欲を鎮めて平和に生きよと説いた。そしてそのために、彼が体験した「もう一つのこの世」に気づけと教えたのである。その世界に気づくとき、私たちははじめて、「人間のこの世」を豊かな世界、喜びに満ちた世界として肯定することができるのだろう。

第七章　「もう一つのこの世」を語る試み

「死が怖ろしい」という思いの根底に、人間に固有の認識の仕方があることを見てきた。私たちは世界をさまざまな個物の集まりとして認識し、その世界では「私」も個物の一つである。そしてあらゆる個物は時間とともに劣化し、やがて滅びる。とくに命の世界では、あらゆる個体は自分が生きるのに役立つように世界を認識し、自己の保存を望んで活動するが、強いものに殺されてあるいは年老いて死んでいくように見える。

これが実在世界自身のあり方ならば、「私」を何よりも愛しいと思うことも、「私」の死を怖れることも、人間のあり方として受け入れなければならないだろう。

一方、他のすべての動物が先天的に決定されている仕方で世界を認識しているように、私たちの認識作用も先天的に決定されているものなら、これまた「死が怖ろしい」という思いを超えることはできない。人間が認識する世界像が、実在世界と同じであれ異なったものであれ、私たちにとって他の世界は体験できないからである。

しかし、事実はそのどちらでもない。人間の認識は実在世界のあり方を鏡のように写し取るのでもないし、遺伝子によって先天的に決定されているのでもない。人間だけが、何万年もの祖先たちの営みによって創りだされた仕方で、固有の世界像を認識しているのである。

仏陀が「もう一つのこの世」を体験して、死を超えることができたのは、「人間のこの世」がそのようなものであったからにほかならない。

「人間のこの世」と「もう一つのこの世」の違いは、多くの宗教で言われる「現世」と「来世（死後の世界）」のような違いではなく、二つの異なった認識の仕方によって把捉される「同じ実在世界の二つの異なった世界像」である。仏教では分別知によって把捉されるのが「人間のこの世」であり、無分別智によって把捉されるのが「もう一つのこの世」であると言われる。私たちが論じてきたのも、「人間の認識は未分化の現象を類のイメージに分けて見ることである」ということだから、分別的な認識と無分別の認識という二分法を私たちも採用できよう。

この章では、無分別の認識に現われる「もう一つのこの世」が、どのようなものであるかを語りたいのであるが、ここには原理的な困難がある。というのは、言語は分別的な認識のための道具であって、言語を用いて表現しようとすればどうしても無分別智を分別の世界に引きずり込み、それを歪めてしまうのである。つまり、この困難は「原理的に体験できない事柄に超越論的な推論によってのみ接近できる」という困難とは異質であり、言語の本性がもつ困難である。しかし、それは「もう一つのこの世」を語ることが不可能ということではない。

仏陀の言語

経典によれば、悟りを開いた仏陀はその後五週間も菩提樹の下にとどまって、その体験の意味を考察したという（経典によってその日数も内容も若干異なるが、ここでは『律蔵大品』に拠ることにしたい）。

仏陀はまず「縁起を順と逆に考察した」と経は言う。これは悟りの体験の内容、つまり無分別智によって把捉された「もう一つのこの世」を表現しようとしたのではなく、その体験に基づいて行なった「人間のこの世」がどのようなものであるかの分析である。縁起とは「人間のこの世」が体系的な区画構成作用によって成立していること（これを私たちは第三章・第四章で見てきた）であり、とくに無明に始まり老死に終わる十二縁起として定式化された縁起は、「私の死はいかにして生じるのか（順観）」そして「その死はいかにして乗り越えられるか（逆観）」の解明である。この考察が悟りのあとの最初にあったのは、仏陀が何を求めて出家したかを思えば当然である。すでに述べたように、仏陀は死を怖れて、それを超えたいと切望して修行の道を歩んだのである。

さて、悟りのあとの菩提樹下の考察は五週間も続くのであるが、その最後に「梵天勧請《かんじょう》」というよく知られた物語が登場する。仏陀ははじめ彼が悟った真理を人々に説くことをためらったが、梵天が重ねて勧請してようやく布教しようと決意するのである。この物語には、仏陀の悟りとはどのようなことだったかを考えるうえで、また悟りと言語との関係を考えるうえで重要な手掛かりを含んでいると思うので、経を引用してみる。

「私が至り得たこの真理は甚深《じんじん》で、見がたく、理解しがたく、寂静《じゃくじょう》であり、勝れており、推論の範囲を超え、微妙《みみょう》であり、賢者だけが知ることのできるものである。ところが、この世の人々は感覚による快楽の対象に夢中になり、感覚による快楽の対象を楽しみ、感覚による快楽の対象を喜んでいる。このような人には、この事、すなわちこれに縁ってそれがあるという縁起の道理はみることがむつかしい。またこの事も、すなわちすべての生存活動のしずまること、すべての執着を捨てること、欲望を滅尽すること、貪欲を離れること、煩悩を滅すること、涅槃を見ることもとてもむつかしい。もし私が教えを説いたとしても、他の人が私の言うことを理解してくれなかったら、それは私にとって徒労であるだけだ。それは私にとって苦悩であるだけだ」（畝部俊英訳、『律蔵大品五』)。

仏陀はなぜ説法をためらったのか。彼が悟った真理を説いても、理解する者はなく、徒労になるに違いないと思ったからである。なぜ理解する者がいないのか。本書の議論に即して言えば、人々は反映論の世界観に疑いを抱くことなく、「人間のこの世」が歴史によって創られた眼差しに現われる世界であることに気づかない。その結果として「感覚による快楽の対象に夢中になり」執着を捨てられない人々に、「もう一つのこの世」を説いても理解しがたい。

そのうえ言語は「人間のこの世」を分別構想する道具であるから、「もう一つのこの世」を言語によって説くことは原理的に難しい。仏陀の体験は人々の想像力を超えている。私たちが見てきたように想像力も言語に支配されたものであるから、仏陀の体験は「推論の範囲を超え」ている。仏陀自身は言語の支配を超えて「もう一つのこの世」を体験した。それは彼が並外れた知力をもっていたからではなく、真理を求める並外れて強靭な意志力をもっていたからだった。仏陀は世間の人々にそのような求道心を認めることができなかった。

経典では、世界の主である梵天(ブラフマン)が、仏陀が真理を説かなければこの世は滅亡すると考え、説法をためらう仏陀に対して、「教えを説いてください」と勧請する。二たび断り三たび請われて、仏陀は説法を決意するのであるが、そのときに彼は次のように言う。

「耳ある者たちに不死へのもろもろの門は開かれた。
よこしまな信を捨て去れ。
梵天よ、人々を害するであろうかと案じて、
わたしは熟知した、すぐれた教えを人々に向かって説かなかったのだ」

ここにも悟りの智についてとても重要なことが言われていると私は思う。まず「よこしまな信を捨て去れ」という呼びかけである。これはすべての人々の固定観念になっている反映論の世界観を捨てなければ、縁起によって成立しているという「人間のこの世」の真実を理解することはできないということであろう。そして、修行によって心の準備ができていない者が、その世界観を破壊したら、その人は彼の人生を支えていた価値観を失い、目標を失って虚無に陥る。真実を説いて「人々を害するであろうかと案じて」、仏陀は説法をためらったのである。

この物語を文字通りに仏陀と梵天の対話と解することはできないし、そうする必要もない。この物語は真理を悟った仏陀の心の葛藤を表現したものであろう。その葛藤に、「言語で表現することが原理的に不可能な無分別智に、言語を用いて導くことができるか」という問いがあったと私は考える。そして、仏陀が説法を決意したということは、その困難への挑戦を決意したという

ことであった。

世界中の他の宗教は、経典が一冊か多くても数冊の書物に収まる。それに対して仏教の経典は、俗に「八万四千の法門」といわれるが、何千巻もある。それらの経は仏陀によって次々に作られ、仏陀の死後にも数百年にわたって仏陀の教説として作られ続けたのである。

この違いは、両者が説く真理の質的な違いによっている。たとえば、キリスト教の真理は宇宙の創造神であるエホバや神の子イエスの言葉であって、それは増やすことも減らすことも許されない。一方仏教の真理は、仏陀が体験した無分別智から理解される「人間のこの世」の真相であり、経典は原理的に言葉で表現できない無分別智に、言葉で導こうとする覚者の工夫（これを「方便」という）である。それゆえに、経典は工夫の数だけ増えていくものであり、未来においても増えていくことができる。仏陀の死後に作られたたくさんの経典は、もちろん「偽経」というべきものではないのである。

仏陀は分別の道具である言語を用いて彼の無分別智を表現し、人々を導こうとしたと言った。彼が作った経典や布教活動をみると、言語についての深い洞察が見えてくる。

私は本書の第三章・第四章で「言語とイメージの一対の体系」について論じ、言語の意味機能がどのようなものかを述べた。ここで簡単に要約すれば、言語は体系としてのみ存在し、たとえば「イヌ」という言葉の意味とは、ネコ、ウマ、ウシ、ヒトなどの他の言葉とどんな示差的関係にあるかということである。一方私たちは言語の体系と一対に構成されている「イメージの体系的な知」をもっており、イヌという言葉はイメージの体系のなかで対応している一つのイメージを喚起する。そしてその（犬の）イメージが、他のイメージとどんな示差的関係にあるかを了解させる。これが言語の意味機能であり、私たちは「言語とイメージの一対の体系」を用いて刻一刻に出会う現象を一つの整合的な世界像に区画構成しているのである。

しかしながらより正確に言えば、これは言語の「通常の」あるいは「基本的な」意味機能であって、言語の働きはさらに多様である。仏陀は言語の通常の意味機能を用いながら、それとは別の働きを意識的に利用している。私は少なくとも三つの働きを認めることができると思う。

㈠ 破邪即顕正

その第一は「何々ではない」という否定の形で無分別智の周縁からそれに接近しようとする方法である。大乗仏教の祖といわれる龍樹（ナーガルジュナ）は、これを「破邪即顕正《はじゃそくけんしょう》」と言っている。つまり、「誤った認識を否定して、しかるのちに正しい認識を述べる」のではなく、「誤った認識を否定することと自体が、すなわち、正しい認識を顕わすことである」と言う。無分別智によって把捉される「もう一つのこの世」については、そのような仕方でのみ接近できるのである、と。

この方法論は龍樹に始まるのではなく、仏陀以来すべての経典製作者によって採用されている。一つの例として『維摩経《ゆいま》』を取りあげてみよう。この経は、仏陀に帰依した在俗の人でありながら、深く悟りの何たるかを知る維摩居士を主人公としたドラマチックな物語であるが、「不二の法門に入る」と題する第八章がとりわけ有名である。

ここで維摩は「不二の法門に入るとはどういうことなのか」と、同席している多くの菩薩に説明を求める。

ある菩薩は、「生じることと滅することが二であり、生じることも滅することもないのが不二である」と言う。個物である私の命が生まれたり、その結果として死滅したりするのは、分別的な認識で把捉される「人間のこの世」の出来事であり、「もう一つのこの世」においては、個物が生まれることもないし、滅することもないというのである。

またある菩薩は、「我あり、我がものありというのが二であり、我も我がものもいたずらに構想しないのが不二である」と言う。愛しい私も、愛しい私の肉体も、分別的な認識の結果として区画構成されるのであって、その構想作用がなければ、つまり「もう一つのこの世」では我も我が肉体もないというのである。

このように三一人の菩薩がそれぞれに破邪即顕正を試みたあと、最後に三二人目の菩薩である文殊菩薩が次のように言う。

「あなたがたの説はすべてよろしいが、あなたがたの説いたところは、それもまたすべて二なのである。何も説かないのが不二に入るということである」

文殊はここで言語を用いること自体がすでに分別する行為であって、無分別智によって把捉される「もう一つのこの世」を歪めてしまうと注意しているのだが、文殊が維摩の意見を求めると、彼は口をつぐんでひと言も言わなかった。これが「維摩の一默」といわれる物語である。

私たちが何かを「理解する」ということは、通常は、ある物事の示差的な意味を判明にすることである。一つの物事は一見何の関係もない物事とも示差的な関係をもっており、極端に言えばこの世界のあらゆる個物や事態が何の関係もなく存在していることはない。また、長い年月をかけて細分化された「人間のこの世」は、複雑で縺《もつ》れている。それで、私たちはある物事の意味を即座に了解することができない場合がある。そのような場合、私たちは物事のさまざまな示差的な関係をたどっていって、それを判明にすることで「理解する」のである。このような意味では、無分別智を「理解する」ことはできない。無分別智を理解しようとしてはならない。

この物語は「破邪即顕正」という方法には、なおも無分別智を理解しようとするという落とし穴があることを注意している。私はこの物語を興味深く読むのであるが、三二人の菩薩たちの「もう一つのこの世」を語ろうとする試みを無用だとも思わないし、維摩の一默よりも劣っているとも思わない。維摩経の全体も言葉であり、破邪即顕正という方法で「もう一つのこの世」を把捉させようとしているのであって、Aではない、Bではない、Cではない……という形で「もう一つのこの世」に接近するという親切がなければ、私たちがそれを悟ることも困難であろう。

(二) 対機説法

一つの言葉が了解させる「示差的な意味」は、同じ民族語を話す人ならほとんど変わらない。しかし、一つの言葉がそれを聞く者に起こす反応は、その言葉が発せられたときの状況によってさまざまである。いつどこで、だれによって発せられたか、どんな表情で、どんな声で発せられたかといった違いで、一つの言葉が正反対の反応を起こすこともありうる。

一例を挙げよう。たとえば「おまえは馬鹿だね」という言葉が了解させる示差的な意味は、日本人ならほとんど変わらない。しかし、ある少年が試験に失敗して落胆しているとき、日ごろから仲の悪い同級生が、せせら笑うように「おまえは馬鹿だね」と言えば、彼は屈辱や怒りを感じるだろう。一方試験に失敗した彼が、日暮れても家に帰ることもできずに、公園のベンチに座っていたとしよう。事情を知って彼を探しに来た母親が彼を見つけ、いたわるように「おまえは馬鹿だね」と言えば、彼は母の優しさを感じて涙するだろう。

このように、言葉は聞き手の言語体系に訴えて示差的な意味を了解させるだけでなく、状況に応じて聞き手の心を動かすのであって、私たちは日常生活ではそれを配慮して言葉を使っている。

仏陀の説法は「対機説法」と言われるものが多かった。これは「相手の機根（資質）に応じた説法」という意味で、仏陀は相手の能力や気質、相手の悩みや欲求を見抜いて、それに応じて教えを説き、彼らを悟りの智のほうへと導いた。だから仏教の経典では「いつどこで、だれに対して説かれた経であるか」をまず明らかにすることが定まった形式となった。

仏陀の弟子の一人にチューラパンダカ（周利槃特）という人がいる。彼は知力が鈍く、出家して最初に与えられた四行の偈《げ》を四ヶ月経っても暗唱できなかったという。一行を暗唱して、次を暗唱しようとすると、前の行を忘れてしまうのだった。

彼には聡明な兄がおり、先に出家した兄の勧めで彼も出家したのであるが、僧団の人々が愚鈍な弟を軽蔑するのを見て、ついには「おまえは修行の目的を達成する見込みがないから、家に帰ったほうがよい」と突き放した。チューラパンダカががっかりして僧園の通路に立っていると、その姿を見た仏陀が手を差し伸べた。『テーラ・ガーター（仏弟子の告白）』に残る彼自身の言葉によれば、仏陀は彼の頭を撫でて、彼の手をとって僧園の中に連れていった。そして、彼に足拭きの布を与えて、「この清らかな物をひたすらに専念して、気をつけていなさい」と教えたのであった。

チューラパンダカは仏陀の教えを守って、禅定の修行を実践し、やがて悟りの智を得たという。仏陀の言葉が他のときに発せられたものだったら、それは彼を悟りに導く力を持たなかったかもしれない。頼りにする兄にも見放されて、途方にくれていたときだったからこそ、彼は仏陀の優しさに触れて、仏陀の言葉を必死に守ろうとしただろう。そして、拭いてもすぐにまた足は汚れるのであって、彼の足拭きの行為は、いつしか浄《きよ》らかな足を得るためではなく、その行為自体が浄らかな状態であるものとなっただろう。私は繰りかえし繰りかえしなされる彼の足拭きの行為と、道元の只管打坐《しかんたざ》とに合い通じるものがあるのではないかと思う。

仏陀は優れた教師であった。彼は相手の機根を正確に見抜いて、自由自在に法を説き、縁あって出会った人々を導いた。仏教では悟りを得た者は自由自在になるといわれる。ここには分別的な認識にともなう「我欲」から解放された者だけがもつ明晰性が関わっていて、単に覚者への賛辞と片づけられない主題があるが、本書の目的からずれてしまうのでこれ以上は触れない。ここで私が言いたいことは、仏陀は言語の通常の意味機能によって「もう一つのこの世」を表現し伝達しようとしたのではなく、言語のその他の働きを意識的に利用したということである。

これが「対機説法」の意義である。仏陀の言葉が状況から切り離されて、不特定多数に向けられると、経典は言語のこの働きを失うということに、遠く離れた読者である私たちは注意しなければならない。

(三) 比喩と象徴

仏教の経典は比喩表現や象徴的な物語が多いことも特徴であるが、これらもまた通常の意味機能によっては伝えにくいことを、何とかして伝えようとする巧みな工夫である。

これも例を挙げよう。私が巧みな比喩だと思うものの一つに、『葦束』（相応部経典一二・六七）と題する経がある。この経は仏陀の第一の弟子であったサーリプッタ（舎利弗）が縁起についてマハー・コッティタの問いに答えているものである。簡単に言えば、個物の集まりである「人間のこの世」が、実在世界自身のあり方ではなく、縁起によって生じることを教えている。

縁起によって生じるとは、本書の議論に即して言えば、本来は未分化の現象を個物の体系として分別する人間の認識作用に現われるということである。体系としてあるものは、それぞれの要素があらかじめ存在していて、それらの和として体系をなすのではなく、お互いにその存在を支え合って、体系をなすことによってはじめて要素としての独立性をもつということである（第三章第一節を参照）。こう説明してもなかなか理解しにくいのであるが、これをサーリプッタは、「二つの葦束は相依って立つが、いずれか一つを取り去れば他の一つも倒れる」という絶妙な比喩で教えている。

象徴的な物語について言えば、とくに大乗仏教の経典は、ほとんどが自在に想像力を駆使した壮大な物語であり、その物語の構造によって、あるいは「人間のこの世」の真相に気づかせようとし、あるいは仏陀が体験した「もう一つのこの世」のあり方に迫ろうとする。大乗の経典は仏陀の死後に、あとに続いた覚者たちによって作られたのであるが、仏陀の「対機説法」に代わる方法として、物語によって状況を設定し、言語の働きを広げようとしたのだと私は考える。

たとえば『無量寿経』が説く法蔵菩薩の物語は、私たちに「我」中心の視点を超えさせるために、巧みに工夫されたものである。この物語は、反映論を盲信して私中心に作られている世界を実在世界であると疑わない人にとっては、荒唐無稽な空事にすぎない。言うまでもなく、西方をめざして宇宙の果てまで飛んでいっても極楽浄土には行き着かないし、死んでから生まれ変わる場所としてもリアリティがあるとは思われない。しかし、親鸞が解釈したようにこの物語は、「私」はどんな修行をしても悟りがたいと自覚し、「私」のはからいを捨てて阿弥陀仏に任せるときには、巧みに悟りの視座に導く仕組みになっているのである。ここでは詳論をしないが、関心のある方は拙著『ことばのニルヴァーナ』を参照されたい。

ひとつながりの命

だいぶ前置きが長くなったが、仏陀が用いたこのような言語の働きを、語り手と聞き手の両者が自覚すれば、「もう一つのこの世」の有りようについて伝達することも、けっして不可能ではないと私は考える。以下の記述は、「もう一つのこの世」についての描写ではなく、比喩的な、あるいは象徴的な表現として読んでいただきたい。

さて、「人間のこの世」では、命もまた個体の命であって、必ず誕生があり死がある。そして、すべての命が自己の保存を目的として生きている。不幸なことに命の糧は他の命であり、すべての命は自己保存のために弱肉強食の闘争をしなければならない。

私は三十数年間自給自足的な百姓暮らしをしているが、日々に何百という虫を殺し、何千もの草の命を奪わなければ、自らの糧を得られない。また、長いこと食べものを自給していると、健康を得るためには食べもの自体が健康な命でなければならないことが解り、しかもできるだけ新鮮なものがよいことも解る。言い換えれば、若々しい命を殺してすぐに食べるのが、自分のためには一番よいのである。

私は一〇〇羽ほどの鶏も飼っているが、鶏は一つの部屋の中で一番強いのから一番弱いのまで序列を作り、弱いのは餌を食べようとすると押し退けられ、充分に食べられずに痩せて死んでいく。今朝も鶏舎に行くと、弱っていた一羽がいじめられて頭から血を流していた。いじめていたのを追い払い、鶏舎の外に出してやったが、それはしばしの休息を与えてやったにすぎない。また、そうすると今度は二番目に弱いのが同じ目にあう。

私は長いあいだ命の世界はなんと悲しい世界であることかと思ってきた。造物主の存在などは信じられないが、このような命の世界が存在することに、そして自分がその一員であることに、恨みのような感情をもっていた。だがこれは「人間のこの世」での認識である。仏陀が説いている「もう一つのこの世」では、命も個体の命として区別されておらず、「ひとつながりの命」である。弱肉強食の食物連鎖と見える現象は、あたかも個体の中で栄養が血液を介して全身に流れていくように、その「ひとつながりの命」において、命の糧が流れていく現象なのである。

百姓暮らしは、たくさんの命を殺して食う営みであるゆえに、その悲しみのなかで、ひとつながりの大いなる命を感じることができる。毎日肉を食べながら屠殺の仕事は他人にゆだねて想像することもない現代人の生活は、個体としての命の生や死の現実にもなかなか出会わない。まして「ひとつながりの命」に気づく者は少ないが、これは私だけが感じることではなく、仏教者でない人の生命観のなかにも、最近では生物学者の言葉のなかにも、これに近い省察を見いだすことができる。

映画監督の羽仁進氏は、動物ドキュメンタリー映画を製作するために、しばしばアフリカで野生動物たちの生態を観察した人である。その体験から『大いなる死——死と生の幸福論』という本を書いているが、そこで、死というものを個体の死とだけ捉える見方に疑問を呈している。

そこで展開している生命観は、『証言・臨死体験』（立花隆著）の中でも語られ、しかも簡潔にまとめられているので、そちらを引用する。

「あるとき三十頭くらいのライオンの群れが一頭のバッファローを狩りで仕留めたんです。バッファローのほうは食われまいとして必死で抵抗して壮絶な戦いが繰り広げられたけど、とうとうやられる。それをみんなで取り囲んで食べはじめるわけです。バッファローというのは、体重が一トンくらいありますから、三十頭で食べてもなかなか食いきれるもんじゃない。みんな腹一杯食べて、もう動けなくなるまで食べて、みんなその辺で腹を上にして横になる。食べきれないで残ったバッファローには、ハゲタカの群れがやってきて襲いかかる。ハイエナも来る。ジャッカルも来る。小さな虫のたぐいも沢山来る。みんなが食べる。夕方バッファローが死んで、翌朝の八時ぐらいになると、一本の大きな骨になっちゃう。それも微生物の作用なんかでどんどん分解されて、数週間すると頭の一部くらいしか残らない。

象が死んだときなんかもすごいですよ。象は他の動物に殺されるということはないんですが、病気なんかで死ぬことがある。そうすると、その死体をいろんな動物が食べに来る。象というのは五トンも六トンもありますから、何日も何日もかかって食べられていく。動物が象の体の中に入っていって、体を食いやぶって頭を外に突き出したりする。そしてやがては、やっぱり骨の一部しか残らなくなる。

そういうのを何度も見ていると、動物は死んでも、何百という大小の生きものの新しい生に生まれ変るんだなということがわかるわけです。バッファローが死んでも、そのとき死によって終るのは、バッファローの生存意欲みたいなものだけで、それ以外のものは全部残る。残って新しい生命の中に組み込まれていく。そして、その生命体が死ねば、それもまた次の生命体に食べられてその中に組み込まれてゆく。そうやって次から次へバトンタッチされて、地球上に総体としての生命がつづくかぎり、生命というのは死ぬことがない。全体として生命の永遠のドラマを繰り広げていくわけです。そういう全体像が見えてくると、個体の死なんていうものは大したことがないと思うわけです。動物にしても、人間にしてもね」

次に科学者の興味深い言葉に耳を傾けよう。それはルドルフ・シェーンハイマーというドイツ人科学者の実験をもとに、「動的平衡」という生命観を提示している福岡伸一氏のものである。一九三〇年代後半に行なったシェーンハイマーの実験は要約すると次のようなものだった。

動物は毎日のように一定量のたんぱく質を食べないと生きていけない。しかし摂取されたたんぱく質が体内でどのように使われるのかを追跡するのは、彼の実験以前は難しかった。

シェーンハイマーは窒素の同位体である重窒素を挿入したアミノ酸（ロイシン）を作った。重窒素は質量分析計を用いて窒素と見分けることができるので、その行方を追跡できる。彼は重窒素で標識されたロイシンをネズミに食べさせ、その後そのネズミを殺してすべての臓器と組織、すべての排泄物を調べ、ロイシンがどのように使われたかを追跡したのである。

その当時は、成熟したネズミが食べたアミノ酸は、体重はほとんど変化しないので、エネルギー源となって燃やされるだろうと考えられていた。それで、アミノ酸の燃えかすに含まれる重窒素はすべて尿中に出現するはずと予想された。しかし実験の結果は、尿中に排泄されたのは投与量の二七・四パーセントだけで、五六・五パーセントが、さまざまな臓器や血清を構成するたんぱく質の中に取り込まれていた。重窒素で標識されたアミノ酸は三日間与えられた。つまり、ネズミの身体を構成していたたんぱく質は、たったの三日間のうちに、食事由来のアミノ酸の約半数によって置き換えられていた。また、ネズミの組織のたんぱく質を分解してアミノ酸にしたところ、ロイシンだけでなく、グリシンにもチロシンにもグルタミン酸にも重窒素が含まれていた。つまり、体内に取り込まれたロイシンはさらに細かく分解されて、いろいろなアミノ酸を作る材料になっていたというわけである。

福岡氏は、この実験結果を次のように解釈し、「生命とは何か」を論じている。

「生体を構成している分子は、すべて高速で分解され、食物として摂取した分子と置き換えられている。身体のあらゆる組織や細胞の中身はこうして常に作り変えられ、更新され続けているのである。

だから、私たちの身体は分子的な実体としては、数ヶ月前の自分とはまったく別物になっている。分子は環境からやってきて、一時、淀みとしての私たちを作り出し、次の瞬間にはまた環境へと解き放たれていく。

つまり、環境は常に私たちの身体の中を通り抜けている。いや『通り抜ける』という表現も正確ではない。なぜなら、そこには分子が『通り過ぎる』べき容れ物があったわけではなく、ここで容れ物と呼んでいる私たちの身体自身も『通り過ぎつつある』分子が、一時的に形作っているにすぎないからである。

つまり、そこにあるのは、流れそのものでしかない。その流れの中で、私たちの身体は変わりつつ、かろうじて一定の状態を保っている。その流れ自体が『生きている』ということなのである」(福岡伸一『動的平衡』)。


私たちの体は、食物として摂取した分子と常に置き換えられている。これが食べなければ生きていけない理由であるが、なぜ置き換えが必要なのか。これを福岡氏は物理学者エルヴィン・シュレーディンガーが『生命とは何か』で論じた思想によって説明している。

シュレーディンガーは、「すべての物理現象にはエントロピー(乱雑さ)増大の法則が見いだされるが、それに抗して秩序を維持しているのが生命の特質である」と論じたが、生命がどのようにして秩序を維持しているかを示すことはなかった。それがこの置き換えによってであったと福岡氏は言う。

「エントロピー増大の法則は容赦なく生体を構成する成分にも降りかかる。高分子は酸化され分断される。集合体は離散し、反応は乱れる。たんぱく質は損傷を受け変性する。しかし、もし、やがては崩壊する構成部分をあえて先回りして分解し、このような乱雑さが蓄積する速度よりも早く、常に再構成を行うことができれば、結果的にその仕組みは、増大するエントロピーを系の外部に捨てていることになる。

つまり、エントロピー増大の法則に抗う唯一の方法は、システムの耐久性と構造を強化することではなく、むしろその仕組み自体を流れの中に置くことなのである。つまり流れこそが、生物の内部に必然的に発生するエントロピーを排出する機能を担っていることになるのだ」（福岡伸一『生物と無生物のあいだ』）。

簡単に言えば、生命体は食物を摂取して常に身体を新しくすることで、エントロピーを外に捨て去り、秩序を維持しているということであろう。

羽仁氏は「バッファローの死は〈個の終わり〉であったが、〈生命の終わり〉ではなかった。

生命それ自身は、他の多くの生き物に受け継がれていた」と言い、福岡氏は「環境にあるすべての分子は、私たち生命体の中を通り抜け、また環境へと戻る大循環の流れの中にある」という。

羽仁氏の直感も福岡氏の科学的理論も、残念ながら反映論の固定観念を脱していないゆえに、「もう一つのこの世」についての無分別智に到達しない。しかし彼らの省察は、命をそれぞれの個体の状態としか捉えられなかったこれまでの生命観に対して、命をもっと大きな流れのなかで捉える新しい生命観を示唆しているという意味で重要である。

悟りの視座から見れば

仏陀は言語に支配された脳を解放して、分別作用を停止し、「もう一つのこの世」を体験した。そこでは命は「ひとつながりの命」であり、誕生もなければ死もなかった。個体の命は、ヒト科の生きもの（と、あとで分別されることになる命の一部分）に言語が生まれたために、分別的な認識が創造された結果として出現するのであって、分別的な認識がなければ、個体の命もない。したがって死もない。

「もう一つのこの世」ではエントロピー増大の法則も成立しない。エントロピー増大の法則というのは、「個物の集まりである世界」において、すべての個物のあり方として見いだされる法則である。これは仏陀の言葉を用いれば「諸行無常」というに等しいと私は考えるが、諸行無常は「人間のこの世」の真相を説いた言葉であって、「もう一つのこの世」の有りようを説いたものではないのである。私たちにエントロピーの増加と見える変化も、「もう一つのこの世」においては滅びに向かうのではなく、ただ一如なる存在の内部の流れであり変化であると言えよう。

同様に、命の世界は、個体の生存欲や繁殖欲のぶつかり合いとしてみれば弱肉強食の闘争の世界であるが、これもまた一如なる存在の内部の流れにすぎないのである。

「私たちは自分が生きるために、日々に命を殺して食わなければならない」と繰りかえし述べてきたが、それは人間だけが行なっている分別的な認識に現われる世界での出来事であった。人間が自己中心的に分別する結果として、把捉される出来事であった。仏陀の悟りの視座から見れば、「食べる」という行為によってひとつながりの命が循環するのであり、命の糧が命であるのは、むしろそうでなければならぬ当然のことなのである。それはなにも悲しむべきことではなかった。一つの命の内部で血液が流れ、栄養が流れていくことを、だれが悲しむだろうか。

『般若心経』は破邪即顕正の方法を用いて、「もう一つのこの世」のあり方を「不生不滅、不垢不浄、不増不減」と説く。右に述べたことは簡潔に「不垢不浄（垢《けが》れることもなく浄まることもない）」と言われている。仏教では「垢れる」と言えば「我欲に垢れる」ということであり、「食べる」という行為は我欲の中心にあるものである。しかし、仏陀の悟りの視座から見れば、その行為を色づけていた我欲もなく、したがってまた我欲を浄めるということもないのである。元は我欲にまみれた存在が、修養によって我欲を薄め、ついには浄らかな存在になると考えるのは誤解である。「我欲に垢れる」とは、言い換えれば「私中心の分別の世界に執着して生きる」ということであり、反対に「浄まる」とは仏陀の悟りの視座に身を置くことにほかならないのである。

バッファローの死についての羽仁進氏の文章を読んだとき、私は『ジャータカ（本生譚《ほんしょうたん》・仏陀の前生を説く象徴的な物語）』にある一つの話を思いだした。それはマハー・サッタという王子が自分の体を飢えた虎の親子に食べさせた『捨身飼虎《しこ》』といわれる話である。簡単に紹介すると、次のような話である。

過去の世にマハー・ラーダという王がおり、よく国を治め、人々に慕われていた。王には三人の王子がいた。第一子をハナラ王子、第二子をダイバ王子、末子をサッタ王子という。いずれも聡明で勇ましく心優しい王子であった。

あるとき彼らは馬車を連ねて野山に遊んだことがあったが、大きな竹林でしばし休息した。三人が竹林の中を歩いていくと、一匹の虎が横たわっていた。周りには産まれたばかりらしい七匹の仔虎がおり、母虎も仔虎も飢えて弱っているようだった。

ハナラ王子が言った。「この虎は出産して七日になるが、食べものを得られず飢えている。このままおれば、やがて仔虎を食ってしまうだろう」

「この虎はいつも何を食べているのですか」とサッタ王子が尋ねると、ハナラ王子は「虎は死んだばかりの温かい肉と血を食べるのだ」と答えた。

「この虎に食べものを与えてやることができますか」とサッタ王子がさらに尋ねると、ダイバ王子が口をはさんだ。「この虎は弱っているので、獲物を求めても得られないだろう。だれかが自分の身を与えるなら別だが、だれもそんなことはすまい」

「その通りだな。だれもわが身は捨てられない」とハナラ王子。

「私たちは我欲のせいでわが命を捨てがたい。真実を見る智慧がないから、死ぬのが怖ろしい。悟りを求める菩薩が大悲の心を起こせば、身命を捨てることもできるのだろうが……」とダイバ王子。

三人の王子は虎の親子を哀れんで、しばらく様子を見ていたが、やがてその場を離れて歩きだした。歩きながらサッタ王子に一つの思いが生じた。

「今こそ私が身を捨てるときだ。私は遠い過去世から幾たびも生まれ変わって、多くの身を生きてきた。いつもわが身を愛しいと思い、我欲のままに食物、衣服、家屋など、さまざまなものを求めた。そうして他の生きものを殺しても、やがて死ぬことはまぬがれない。生死を繰りかえして、悟りの智慧を得ない。私は今生で大悲心を起こして、それを業因として来生で悟りを得よう」

サッタ王子は「兄さんたちは先に馬車に戻ってください」と言って、虎たちのいるところに引き返した。彼は衣服を脱いで竹の枝に掛けおき、裸の身を虎の前に横たえた。しかし虎は王子の大悲心を畏れて食べることができない。王子は虎が弱り果てて食べられないのだと考えて、辺りに刀を探したが見つからない。それで、枯れた竹で自らの頸を刺して血を出し、小高い崖の上から虎の眼前に身を投げた。

そのとき大地が大きく振動し、日光が遮られ、天上からたくさんの花びらが降ってきた。虎たちはサッタ王子の血を舐め、肉を食べて、ただ骨を残して去っていった。

この本生譚を載せる『金光明経』は、このあと二人の兄や父母である国王夫妻の言動を細かく描いているが、ここでは省略する。この物語を私は長いあいだ慈悲心を誇張して表現したものと考えていた。しかしあるとき、これは単なる誇張ではなく、「もう一つのこの世」の有りようを象徴的に表現している物語なのではないかと気づいた。「ひとつながりの命」を確信しているなら、いやそのときにのみ、他の命の食べものとなるために身命を捨てることができるのであろう。

仏の慈悲は、経典でもしばしば「母親がひとり児に対してもつ慈しみの心」に喩えられるが、似て非なるものである。母親の子に対する慈しみの心は「我がもの」という思いから生じる。

「人間のこの世」では、だれでも「我がもの」である自分の身が一番愛しいが、母親は腹を痛めたわが子もまた自分と同じように「我がもの」と思うゆえに愛しいのである。母親の気持ちの対象を広げて、生きとし生けるものにまで及ばせようとしても、それは叶わない。「人間のこの世」では、生物学者たちが言うようにあらゆる個体は自己保存を目的として活動しているのだから。サッタ王子の物語では二人の兄たちが「人間のこの世」の代表であり、いかに勇敢で有徳な人であっても、彼らはたとえ頭で解っても、仏の慈悲を実践することは難しいのである。

仏の慈悲は、「我」という思い「我がもの」という思いがないことから起こるのであるが、その境地には「ひとつながりの命」を確信することからのみ到達できるのだろう。

ところで、「ひとつながりの命」という私の表現は、誤解を生む危険があるので注意しておきたい。

「ひとつながりの命」という表現は、命の世界と命を持たない世界とを区別しているような印象を与える。しかし仏陀が体験した「もう一つのこの世」では、この宇宙の全体が区別のない一者であって、生物と非生物の区別も実体としてはありうるはずがない。福岡伸一氏も「環境から生命体へ、生命体から環境への分子の流れ」と言っているが、生命体を構成するすべての分子が非生物の世界に見いだされ、しかもそれらが地球上を循環していることは、今日ではよく知られたことである。たとえば窒素は、大気中にたくさん存在しているが、それが土壌中のバクテリアによって固定され、硝酸塩やアンモニアになる。硝酸塩を生命体がたんぱく質やＤＮＡなどの生合成に利用し、それは食物連鎖によって命から命へと循環していく。そして生命体を構成していた窒素は、排泄物や死体の腐乱によってアンモニアになるが、その一部はバクテリアによってふたたび硝酸塩となって生命体に利用され、他の一部は窒素ガスに変化する。ここでは詳しく述べる必要もないと思うが、生命体を構成する他の分子、炭素も酸素も水素も自然界のなかで大きな循環があり、生命体がその一部を担っている。

カルシウムや鉄などもっと安定しているように見える分子も、永い時間のなかで捉えれば循環が見えるだろう。また遠い将来には、単に地球上での循環のみならず、宇宙規模での循環も見えてくるだろう。人間の時間感覚では捉えがたいが、星が誕生して、活動し、やがて滅びる何億光年もの時間を見わたすなら、そこには宇宙全体の流れが見えてくるだろう。

つまり、「ひとつながりの命」はまだ部分であって、仏陀が体験した「もう一つのこの世」では、この宇宙の運動の一切が「一なる存在」の内なる流れなのである。この「一なる存在」に区別を生み、無数の個物を生んだのは人間の言語である。

第八章　死とは何か

「死すべき私」は真実の半分でしかない

そろそろ本書の議論をまとめて、「死とは何か」という問いに答えよう。

いつの時代でも、死はこの世から死後の世界への旅立ちであると考える人がもっとも多いようである。また、一つの人生を終え、別の命となってこの世に再生することと考える人もいる。科学思想の影響で、現代では個人の命が消滅し肉体が分解して無になることと考える人も少なくない。

本書の議論はそれらのどの考えも支持しない。

世間では「先にあの世に往って待っている」とか、「あの世できっと再会しよう」といった言葉がしばしば発せられている。それは何より死別の寂しさの表現であって、必ずしも死後の世界の存在を信じている証拠とは言えない。しかしそうした言葉が、死後の世界が存在していることへの人々の期待を表出していることは確かであり、またたくさんの人にとって死の恐怖を和らげてきたことも確かであろう。

死が怖ろしいと思わない人は、死後の世界などは怖れが生んだ妄想だと一笑に付すだろうが、それは単なる妄想ではない。なぜあるのか解らないのにこの世界が存在しているのだから、同じように生まれ変わるべき世界として死後の世界があるかもしれない。突き詰めればこれが、死後の世界が否定されない「論理的な」根拠である。

しかし、本書で論じたことから、死後の世界の存在を不可知論によって主張することはできない。なぜなら、私たちの分別的な認識は言語を持ったために生じたのであり、この世界も死後の世界も分別的な認識によって存在するイメージだからである。私たちの想像力は「言語とイメージの一対の体系」を用いて発揮される。つまり、死後の世界も含めて、私たちが想像しうるすべての事柄は、まだ「人間のこの世」の一部であるというべきであって、「あの世」ではない。あえて言えば「あの世」は想像力を超えているのである。それゆえ、私は死後の世界についての形而上学的な、あるいは宗教的な教説には何の関心もない。

一方、私たちの命が死によって消滅し無になるという考えは、誤りではない。私たちは、気づいたときにはすでに個体としてこの世界の中に存在していたのであり、やがて死によって無になる。本書の議論は、この個体の消滅という現実を否定しようとするものではない。少年時代に直感したときから、私はその現実を否定しようとしたことは一度もない。ただ私は怖れから目をそむけそうになる死と虚無の現実を凝視し、もっとはっきり見ようとしてきたのだ。

仏陀に導かれて私が到達した結論は、この個体の消滅という死の現実が真実の半分しか語っていないということである。「人間のこの世」においては、つまり「個物の集まりである世界」では、たしかにすべての個物は劣化して滅んでいくものであり、個物の一つである「私」は、死によって消滅する。

私が本書で論じてきたことは、まず、この「個物の集まりである世界」が実在世界自身の相ではなく、人間に固有の分別的な認識によって把捉される世界像だということである。そして、その分別的な認識は人間の先天的な制約としてあるのではなく、私たちの祖先が言語を持ったために得ることになったものだということである。それは人間の歴史が創ったものであり、それゆえに人間は言語の働きを超えて、つまり無分別の認識で「もう一つの世界」を把捉することができる。

言語は脳の神経回路網として獲得されるので、何の修行もせずに言語の働きを超えることは難しい。そればかりか不屈の意志を持って仏陀が行なった厳しい修行がなければ難しい。しかし、悟りと言われる仏陀の体験は、選ばれた者に訪れる神の啓示でもないし、特別な者が持つ超能力の発現でもない。他の人間が共有できるものであり、何ら神秘的な事柄ではないのである。そして、仏陀以後の仏教の長い歴史において、何人もの人がたしかに悟りの体験を共有したと信じることができる。

仏陀は無分別の認識に現われる「もう一つの世界」を体験した。そしてその結果、「個物の集まりである世界」は体系的な分別の結果として、つまり縁起によって成立する世界であって、実在世界自身のあり方ではないと知ったのである。

悟りの「悟」は、迷いが解《ほど》けるという意味であるが、迷いとは「個物の集まりである世界」を実在世界のあり方と思い込んで、「もう一つの世界」に気づかないことであり、覚りの「覚」はまさにそれに気づくという意味である。

仏陀は人間の状況の真実に気づいたのである。ということは、それに気づかない人々も同じ状況を生きているのである。人間はみな——気づいた人も、気づかない人も——仏陀が体験した「もう一つのこの世」を生きている。そしてその世界では命も未分化であり、死というものが存在しない。分別的な眼差しに「私」の死と見えたものは、全体の大きな流れの一部分にすぎない。

空間も時間も「測るもの」として捉えるかぎり、分別的な認識の仕方として成立するものであって、「もう一つのこの世」には空間も時間もない。それに気づいて、仏陀は不死を得た。「死が怖ろしい」という思いを超えることができたのである。

そして、私の消滅という死の現実がもたらす虚無について言えば、すでに述べたように「意味とは何か」についての無知が問題であった。意味とは分別的な認識に現われるさまざまな個物の「示差的な関係」のことであるから、世界全体の存在の意味を問うても、また他の物との関係を捨象して「私」の存在の意味を問うても、そうしたものが見いだされないのは当然である。意味は「人間のこの世」ではじめて「生じる」ものであり、世界の全体が意味と無関係にあることは、何ら虚無的な事柄ではない。青年時代の私は「私はなぜあるのか」という問いに疑念をもたずに虚無意識に陥ったが、それは、実際は問いではなかった。どんな答えが出されようと自分が信じられないことを、心のどこかで知りながら問いかけていたのだから。それは、この宇宙があることへの不思議の思いや、死が怖ろしいという思いを表出する一つの仕方にすぎなかったのである。

重ねて言うが、分別的な認識に現われる世界が幻想であって、私の消滅としての死は誤った認識だというのではない。ここを誤解すると、「人間のこの世」を否定する虚無的な心にふたたび陥ることになりかねない。

仏教では、私たちの分別的な認識は、しばしば虚妄《こもう》という形容をされ、「虚妄分別」といわれる。それは、実在世界自身のあり方をそのまま写し取るのではなく、人間の欲求や能力に規定されて多少とも恣意的に作られた言語構造にしたがって分別するという意味であろう。

しかし、仏陀は分別的な認識に現われる「人間のこの世」に執着して苦しみを増幅することを戒めたが、「人間のこの世」を否定したのではない。

犬は犬が持っている感覚器官と脳の働きによって世界を認識して行動し、昆虫は昆虫が持っている感覚器官で世界を認識して行動する。「人間のこの世」は、それと同じように人間に固有の認識に現われる実在世界であって、それは幻でも偽りでもない。私たちの喜びも悲しみも、「人間のこの世」の中で持たれるのであり、それは人間にとってかけがえのない現実である。私たちは分別的な認識に現われるこの世界で、互いに愛し合い、自然の美しさに感動し、生きたいと切実に願うのだ。

仏陀も彼の個体としての生存の最後の旅で、「鷲の峰は楽しい」「ヴェーサーリー市は楽しい」「チャーパーラ霊樹は楽しい」と、行く先々で「人間のこの世」との名残を惜しんだ（『大般涅槃経』）。仏陀にとっても、死は心を通わせた人々との悲しい別れでもあったろう。

ただ、仏陀はその世界を唯一絶対と思わず、「もう一つのこの世」にも気づけと教えたのだ。それは、私たちが「人間のこの世」の真相を知らないために、我欲の虜となって、弱肉強食の争いを繰りかえしているのを悲しむゆえであり、死を恐怖しているのを哀れむゆえであった。

浄土に往生するということ

仏陀は死後の世界を語らない。仏教もその長い歴史のなかで歪曲され、死後の世界を語る教説の一つになっている観があるが、真の仏教者はみな「もう一つのこの世」を説いているのであって、死後の世界を説いているのではないことが解る。

世間では、死後の世界を説く典型として浄土教を挙げるだろう。たしかに世間では、阿弥陀仏の国土である極楽浄土は死後に往生するべき世界と考えられ、死後に地獄でなく極楽浄土に生まれ変わるために、念仏をはじめとするさまざまな修行が行なわれてきた。だが、たとえば親鸞の言葉を注意深く読めば、彼もまた仏陀と同じように「もう一つのこの世」に気づけと言っていることが解る。

わが国に極楽や地獄のイメージを広めた人の一人は平安時代の僧源信である。彼は『往生要集』を著し、多くの経典から編纂して地獄と極楽のありさまを詳しく語った。そしてパラダイスである浄土に往生するために「二《に》十《じゅう》五《ご》三昧《ざんまい》会《え》」という結社を作り、とくに臨終の作法を説いて実践した。

源信が描く浄土は、たとえば七種の宝石で作られた宮殿であり、食べたいときに自然に出てくるおいしい食べ物であり、美しい花が咲き乱れ、鳥が囀る快い環境である。ひと言で言えば私たちの欲望をすべて満たしてくれる場所である。だが、仏陀は私たちの迷いと苦しみの根源に我欲があることを見定めて、我欲への執着を捨てよと説いたのである。浄土とは「我欲から解放されたところ」という意味であって、そのような我欲を満足させる場所が真実《まこと》の浄土であるはずがない。

親鸞はそのような浄土が、我欲の充足を求めて生きている人々を仏陀の教えに導くための工夫（方便）であると正しく自覚していた。彼は自分が作った和讃の一つで、

「七宝講堂道場樹、
方便化身の浄土なり。
十方来生きはもなし、
講堂道場礼すべし」

と詠っている。つまりパラダイスとしての浄土は人々に耳を傾けさせるための工夫であって、阿弥陀仏の教えが真に意図するものではないと言っている。この巧みな工夫は大いに成功し、男も女も権力者も民衆も、浄土往生を願って念仏を称えている。

阿弥陀仏の教えの真の目的は、仏陀が体験した「もう一つのこの世」を、私たちに気づかせることだと親鸞は理解している。次の文章は『正像末《しょうぞうまつ》浄土和讃』の末尾にとくに付けられた散文

であり、親鸞の手紙を集めた『末燈鈔』にも載っているものである。最晩年（八十六歳ころ）に書かれたこの文章は、彼が到達した境地を示している。

「ちかひのやうは無上仏にならしめんとちかひたまへるなり。無上仏とまふすはかたちもなくましますす。かたちもましまさぬゆへに自然《じねん》とはまふすなり。かたちましますとしめすときは、無上涅槃とはまふさず。形もましまさぬやうをしらせんとて、はじめて弥陀仏とぞききならひてさふらふ。弥陀仏は自然のやうをしらせんれうなり」

阿弥陀仏は「私の言葉を信じて念仏を称えるものは、みな浄土に往生させよう」と誓ったのであるが、親鸞はここで、「阿弥陀仏は私たちに仏陀の悟りを得させよう」と誓ったのだと言い換えている。「無上仏と申すは形もなくまします。形のましまさぬゆえに自然とは申すなり」という言葉を、本書の議論に即して解釈すれば、次のようになる。私たちが認識する形（形相）は、言葉を核として類化されたイメージであり、それは無為自然《むいじねん》つまり実在世界自身のあり方ではない。私たちが認識している形のある世界は、無為ではなく有為《うい》、つまり作られた認識の仕方に現われるものである。仏陀は私たちの認識に介入している言語の働きを超えて、形相を持たない「もう一つのこの世」を悟り、それと一体である自己を悟った。それをここでは無上仏と言っている。そして、親鸞はつづいて「形もましまさぬ様を知らせんとて、はじめて弥陀仏」というと断言している。形相のない「もう一つのこの世」を私たちに気づかせるために、阿弥陀仏の教えがあるのだと言うのである。

親鸞は分別的な認識に現われる「人間のこの世」が、遠い過去からの人間の営みによって作られていることを自覚していた。『歎異抄』の十三条では、彼はそれを宿業と言っている。

仏教の言葉は流布するにしたがって、また時代が下がるほどに、ひどく歪曲されている。これはあらゆる思想の宿命というより、言語を超えた仏陀の悟りに言語を用いて導こうとする仏教の宿命である。宿業という言葉もその最たるもので、世間では過去世の自分の行為（業）が原因となって、今生の経験が生じていることを宿業と言っているが、親鸞はそのような意味では使っていない。彼は、私たちのものの見方も考え方も行動の仕方も、私たちの自由意思で選んでいるのではなく、遠い過去からの人間の営みによって作られ選ばされていることを宿業と言っている。

親鸞は『歎異抄』十三条で、「卯毛羊毛の先にいる塵ばかりも、造る罪の宿業にあらずということなし」と言っている。これは、私たちの「すべての」経験が、一挙手一投足が、過去世の行為の結果として決定されているという意味ではない。「人間のこの世」の「全体が」過去の人間の営みによって作られており、したがって「人間のこの世」のどこを探しても実相は見つからないという意味である。親鸞の信心の源には、罪悪深重の自覚がある。罪悪深重とは、自らの有りようの全体を悟りの妨げであると自覚することであるが、その根拠が宿業であった。

親鸞にとっても仏陀が体験した無為自然の世界は、死後の世界ではなく、「もう一つのこの世」であった。信心を得ることは、その「もう一つのこの世」に気づくことであり、「こころは如来と等し」くなることであった。

聖道門《しょうどうもん》の仏教なら、これを悟りという。そして、仏教では自己中心的に分別された「人間のこの世」を生きながら、同時に気づかれる「もう一つのこの世」を、仏性とか如来蔵とかいっている。それゆえに、親鸞は和讃の一つで、

「信心よろこぶその人を、
如来とひとしとときたまふ。
大信心は仏性なり、
仏性すなわち如来なり」

と詠うのである。

それでは親鸞にとって死とは何か。

信心を得て「もう一つのこの世」に気づいてから、念仏者の人生は、「人間のこの世」と二重の命を生きている。「こころは如来と等し」と自覚するが、「個物の集まりである世界」を生き続

けなければならず、その世界は自己中心的に区画構成されているので、我欲から完全に解放されることもない。「この身は死ぬまで不浄造悪」である。弱肉強食の命の世界を悲しみながら、生きとし生けるものの幸せを願って生きるほかはない。

親鸞にとって死とは我欲の世界から解放されて、形のましまさぬ「もう一つのこの世」と一体になることであった。それは形のある「人間のこの世」と二重の命を生きる「仏」ではなく、形のましまさぬ「無上仏」になることであった。

私たちは死によって「人間のこの世」を捨て、浄土である「もう一つのこの世」に往生する。「往って生まれる」という表現は、率直に言えば私には少し違和感がある。私たちは今現在も「もう一つのこの世」を生きているのであり、「死んだあとに往く」のではない。「人間のこの世」しか見えない人々にとっては、「死は単なる消滅ではなく、もう一つのこの世に往って生まれることだ」と言ったほうが解りやすいし、死の恐怖を乗り越える力になったであろうが、誤解を生む原因ともなっているように思われる。

良寛にみる覚者の風景

「人間のこの世」は幻想ではないと述べた。それは人間に固有の分別作用によって現われる世界であるが、実在世界の把捉であって、白い画布の上に描く空想的な絵画のようなものでもないし、実在を勝手気ままに歪めて写し取っているのでもない。しかし仏陀が悟った「もう一つのこの世」に照らされるとき、「人間のこの世」はそれ以前とは異なった色合いを帯びてくる。

すでに見たように、私たちは「私にとって何のためのものか」という基準で実在世界を分別する。それゆえ、「人間のこの世」は自己中心的な構造をもち、この分別作用は我欲によって色づけられている。この世界を実在世界自身のあり方と思い込んでいる人々は、我欲の虜となって弱肉強食の世界を生き、愛憎の世界を生きる。しかし「もう一つのこの世」に照らされて、「人間のこの世」の真相に気づくとき、富や権力や名声といった世間の価値が、美醜さえもが、どうでもよいものになってしまう。第一章で私は「死が怖ろしいという思いから世間の価値がどうでもよいものになった」と言ったが、それとは似て非なることで、ここには虚無意識につながる自棄的な心はない。「色合いを変える」というのは、「分別的な認識はそのままながら、それを色づけている我欲が色あせる」ことであると言えようか。

「もう一つのこの世」は言語を超えたものであり、それを言語で表現しようとしてもすり抜けてしまう。しかしそれに照らされて色合いを変える「人間のこの世」つまり覚者が生きる「人間のこの世」は、私たちの分別的な眼差しによっても把捉できるものであり、語ることができるものである。その例として、良寛禅師の世界に触れたい。というのは、騰々任天真《とうとうにんてんしん》（後述）の良寛こそは、悟りの体験によって色合いを変えた世界に忠実に生きようとして、生き抜いた稀有な人だからである。

良寛は多くの漢詩や和歌を残した。そこには修練を積んだ跡が見えるが、彼の場合は修練で求めたものは単なる文芸上の技巧ではない。良寛の文業はほとんどすべて、覚者の眼差しに現われる風景を通じて「仏陀の悟りとは何か」を表現しようとしたものであり、さらに言えば、良寛の生きざま全体が、そのための営みであったと私は思っている。

中国は唐の時代に、龐《ほう》居士という禅者がいた。この人は資産家でありながら財物をすべて海に沈め、妻子とともに田畑を耕し、竹籠を売って生きたという。多くの禅者との対話が龐居士語録として残されているが、居士の言葉について『龐居士語録』の著者入矢義高はその解説の中で、「言葉を超えた理法の当体を、それを傷つけずにどう言うか、という問いが、彼自身の抱えこんでいる根底的な課題として常にある」と言っている。

岡山・円通寺での修行時代を回想した漢詩に、良寛は「自分の考えが他の人たちと異なることを歎き、柴を運んでは龐居士を懐《おも》った」と書いているが、入矢の言葉は良寛の文業についても当てはまると思われる。そしてまた、龐居士も良寛も何よりその生きざまによって仏陀の悟りとは何かを表現しようとしたのだ。

「もう一つのこの世」について、直接的に表現しようとした漢詩は、当然ながら多くはない。

たとえば次の詩を挙げられるであろう。

我が生、何処より来る
去って何処にか之《ゆ》く
独り蓬窓《ほうそう》の下に坐して
兀兀《ごつごつ》、静かに尋思す
尋思するも始を知らず
焉《いずくん》ぞ能くその終りを知らん
現在亦復然り
展転、総て是れ空
空中、且《しばら》く我れ有り
況《ここ》に是と非と有らんや
如かず些子《さし》を容れて
縁に随って且く従容《しょうよう》せんには

後ろの五句を訳せば、「現象するものすべてが空である。空の流れの中にしばらく私がいる、このような世界に是非があるはずもない。小人の私をそのままにして、縁に従ってゆっくりと任せよう」となろうか。

この詩が良寛の悟った「もう一つのこの世」の表現であるのに対して、多くの詩や歌は、「その結果として」色合いを変えることになった「人間のこの世」の表現である。良寛を論じるだれもが挙げる次の漢詩を、私も取りあげることにしよう。

生涯、身を立つるに懶《ものう》く
騰々《とうとう》、天真に任す
嚢《のう》中、三升の米
炉辺、一束の薪
誰か問わん、迷悟の跡
何ぞ知らん、名利の塵
夜雨、草庵の裡《うち》
双脚、等間《とうかん》に伸ばす

ひとたび覚りを得たあとの良寛の生活は、「人間のこの世」の真相――すでに述べたように、それは無自性空ゆえに縁起しているということである――に忠実に生き抜こうとする営みであった。「生涯、身を立つるに懶く」の「懶し」は、「気が進まない」「どうでもよい」といった意味であろう。これは良寛の生来の気性とも関わっているかもしれないが、それは取るに足らない。立身の魅力が、言い換えれば富や権力や名声といった世間の価値が、「人間のこの世」の真相に気づいて色あせてしまったゆえに「懶し」なのである。人々は自らが創りだした砂上の楼閣のような価値を求めて彼の一生を費やす。せわしなく競い合う。この私は生きとし生けるものの本来の自然を、のんびりゆっくり生きよう。それが仏陀の悟りを表現することなのだから。「騰々任天真」に、私は良寛のそのような決意をみる。騰々は「のんびり、ゆっくり」といった意味らしいが、それはこの世の真相に気づかないゆえに我欲がぶつかり合い、争い合っている世間の人々の有りさまと対比している言葉であって、良寛の清貧の暮らしが文字通り暢気なものだったのではないであろう。それは死をも厭わない覚りのあとの修道であった。分別作用に付着している我欲は根強い。何を覚ろうとも修道を続けなければ我欲の世界に退転することを良寛は知っていた。

人間の自然は、もとより犬や猫の自然とは様相を異にするが、虚構の価値をそぎ落として自然に任せる生活はいたってシンプルである。風雨をしのぐ小さな庵に住み、嚢中に三升の米があり、炉辺に一束の薪があれば足りる。

「人間のこの世」の真相に気づけば、何が悟りで何が迷いかと問うこともないし、名声や富に執着することもない。覚者良寛は、小さな草庵にあって夜の雨音を聞きながら、何事にもこだわることなく脚を伸ばしているのである。

世間の常識とは、ひと言で言えば弱肉強食の我欲の世界で生き抜くための心得である。それゆえ、「騰々任天真」の生きざまは、常識のほうから眺めればしばしば愚行と笑われ、奇行と驚かれる。

三十八歳ごろに故郷の越後に戻った良寛は、各地を転々としたが、やがて国上山《くがみ》の五合庵という草庵に定住した。寺を持たない彼は、仏陀の時代の比丘と同じように近くの村々で托鉢をしてその身を養った。村に降りれば、飯に添える野草を摘んだり、子どもたちと遊んで時を過ごしたことが歌などから知られる。

良寛の訪れを待っていた幼い子どもたちと、手まりやかくれんぼ、相撲やおはじきをして楽しんだ。詩の中で良寛は、「謂《おも》う、言好手《われ》、等匹《とうひつ》なしと（私は手まりが上手で、私にかなうものはいないと思う）」と、まさに子どものように得意がっている。世間の常識から見れば、これらもまた大人げない愚行のうちであるが、色合いを変えた「人間のこの世」では「懶し」と感じないでもよい「人間の自然」であった。

そうした良寛を敬愛する大人も少なくなかった。その一人である解良栄重《けらよししげ》という人が『良寛禅師奇話』という書を残している。そこには多くの奇行が記されているが、二、三を訳して紹介してみる。

「良寛さまは行く先々の村で子どもたちと遊んだが、どこの村のことだったか、良寛さまが死人の役になって道端に臥し、子どもたちはその上に草や木の葉を被せて埋葬の真似をして面白がった。そこにいたずら小僧がいて、良寛さまが死人のふりをすると手で彼の鼻をつまんだ。さすがの良寛さまも息苦しくなって、生き返ってしまったそうだ」

「良寛さまは小さな壺に醬油の実（注：「ひしお」のことか？）を入れて、炉の隅に置いていた。そして、食べ残したものは何でもそのなかに投げ入れ、蒸し暑い夏でもそれを食べた。来客があればその人にも勧めるが、とても食べられたものではない。しかし良寛さまは平然として食べ、臭いとも汚いとも感じないようだった。彼は『虫が湧いても、椀の中に盛れば虫は逃げていく。食べても害はない』と言っていた」

「良寛さまは酒が好きだったが、呑み過ぎて乱れることはなかった。百姓や木こりたちと銭を出しあって、酒を買っていっしょに呑むのが好きだった。そんなときは、『あなたが一杯、私も一杯』と、必ず平等に分けて呑んだものである」

これらの一見奇行と見える行ないは、著者が正しく評しているように世人の固定観念を離れて見ればおのずから人徳を顕わすものであって、とくに奇行でもない。彼は「取り立てて教えを説くこともないが、良寛さまがわが家に来て泊まれば、家中が仲良くなり、帰ってからも数日は和やかである」とも書いている。

良寛に「月の兎」と題する長歌がある。これは満月の中に見える兎のシルエットの由来を説く寓話だが、もとは第七章に紹介した「捨身飼虎」の話とよく似た主旨の、仏陀の本生譚の一つである。

月の兎

いそのかみ　古りにしみ世に
ありといふ　猿《まし》と兎《をさぎ》と
狐《きつに》とが　友を結びて
あしたには　野山に遊び
ゆふべには　林に帰り
かくしつつ　年の経ぬれば
ひさかたの　天の帝の
聞きまして　それがまことを

知らむとて
其が許《もと》に
申すらく
異にして
遊ぶてふ
如あらば
救へとて
憩ひしに
ややありて
林より
来りたり
小川より
来りたり
跳びとべど
ありければ
異なりと

翁となりて
よろぼひゆきて
汝達類《なむたちたぐい》を
同じ心に
まこと聞きしが
翁が飢ゑを
杖を投げて
易きことゝとて
猿はうしろの
木の実を拾ひて
狐は前の
魚をくはへて
兎はあたりに
何もものせで
兎は心
ののしりければ

はかなしや
申すらく
刈りて来よ
焼きて給《た》べ
なしければ
身を投げて
与へけり
見るよりも
ひさかたの
うち泣きて
ややありて
申すらく
友だちは
なけれども
やさしとて
身をなして

兎計りて
猿は柴を
狐はこれを
いふがごとくに
焔の中に
知らぬ翁に
翁はこれを
心も萎《しぬ》に
天を仰ぎて
土に倒れて
胸うちたたき
汝達三たりの
いづれ劣ると
兎ぞ殊に
元のすがたに
骸《から》をかかへて

ひさかたの　月の宮にぞ
葬りける　今の世までも
語りつぎ　月のうさぎと
いふことは　これがよしにて
ありけると　聞くわれさへも
しろたへの　衣の袖は
とほりて濡れぬ

仏陀が説いた「もう一つのこの世」を覚り、ひとつながりの命に気づけば、サッタ王子の捨身も兎の捨身も、単なる寓話ではない。我欲を前提にするから誇張と見えるが、覚りの世界に徹底すれば「ありうる出来事」である。分別作用から我欲の着色を消し去ることは容易ではない。そして最後の我欲は言うまでもなく「私は死にたくない」という欲望である。

仏陀が説いた慈悲の源は、「ひとつながりの命」への気づきであり、それゆえに兎の行為は極限の慈悲であった。良寛の一生は、そこに近づこうとする精進であったと私は考える。

良寛は晩年彼の理解者の一人であった木村元右衛門の家に身を寄せていた。そして七十四歳の正月に、弟の由之や貞心尼に看守られながら死んだ。「死とは何か」という本書の主題にとって見逃せない言葉を残しているので、貞心尼についても触れなければならない。

貞心尼は良寛の覚りの深さを敬い、人格を慕って交誼を求めてきた尼僧である。その出会いは良寛六十九歳、貞心尼二十九歳のときであった。良寛のために手まりを作って持参したが、あいにく留守で、その手まりに「これぞこの仏の道に遊びつつ　つくやつきせぬみ法なるらむ」という歌を添えて戻ると、良寛から「つきてみよ　ひふみよいむなやこゝのとを　十とおさめてまたはじまるを」という歌が返された。貞心尼は歌の背後に仏道の教えを請い、良寛は手まり遊びは座禅と同じですと答えている。それから五年、直接の往来は数えるほどであったが、良寛の孤高の生涯を思うとき、貞心尼との交情は、あたたかく、美しく、人生の最後に起きた奇跡のような出来事に思えてくる。斎藤茂吉は「予は此世に於ける性の分別の尊さを今更に思う」（『良寛和歌集私鈔』）と述べているが、至言と思う。

さて、貞心尼の見逃せない言葉というのは、彼女が良寛の歌を集めて書き残した『はちすの露』にある次の歌である。

「かかれば昼よる御かたはらに有て御ありさま見奉りぬるに、ただ日にそへてよはりによはり行き給ひぬれば、いかにせん、とてもかくても遠からずかくれさせ給ふらめと思ふにいとかなし

くて

生きしにの界《さかい》はなれて住む身にもさらぬわかれのあるぞ悲しき

御かへし

うらを見せおもてを見せて散るもみぢ

こは御みづからのにはあらねど、時《とき》にとりあいのたまふ、いとたふとし」

私はこの貞心尼の歌が、私たちにとって「死とは何か」を正しく表現していると思う。「もう一つのこの世」に気づくとは、己がその一部である時間を越えた生命に気づくことである。不生不滅の仏性に気づくことである。それからのちの人生は、まさに生き死にの境を離れて生きることであると言えよう。しかし、「人間のこの世」が消え失せるわけではない。その体験はたしかに世界の色合いを変えるけれども、分別によって実在世界を意味づけ、「私」を生きるという人間に固有の生は消えない。その生は、私の死によってはじめて消えるのである。死は、私が生きた「人間のこの世」との避けることのできない別れであり、親しい者たちとの悲しい別れである。

貞心尼の歌はそのように読める。それは日ごろから良寛に教えられていた悟境であったろう。

これに対する良寛の言葉をどう解するか。世人はたとえば「善いところも悪いところもすべて見せて消えてゆく」と解釈する。「死病の床に臥してから下痢が続き衣服や寝床を汚した醜態を自から笑った」と言う人もいるが、そのような解釈では貞心尼の歌への返しとして適当とは思われない。「すべてをありのままに見せて」というのはそのとおりかもしれないが、私は「人間のこの世」と「もう一つのこの世」の二重の世界を生きてきたことを、さらに言えば仏陀と同じように色身と法身という二重の命を生きてきたことを、「うらを見せおもてを見せて」の句に込めたのではないかと読みたい。少なくとも貞心尼はそのように聞いた。だからこそ彼女は、「この句はご自作ではないが、私の歌への返しとして用いられて、たいへん尊いものになった」と言うのであろう。

知識を得ても死は超えられない

死が怖ろしいという思いは、この世界を個物の集まりとして分別し、その個物の一つとして「私」を分別する、人間だけが行なう認識の仕方によって生まれる。だからその思いを超えるためには、「人間のこの世」が実在世界のありのままのあり方ではないことに気づき、「もう一つのこの世」に気づかなければならないと論じてきた。

しかし、読者が本書の議論を理解し、「もう一つのこの世」に気づいたとしても、それによってすぐに死を超えることはできない。

それはたとえて言えば、深い山の中で道に迷い、日も落ちて途方に暮れていた旅人が、遠くに一つの明かりを見つけたようなものである。旅人はその発見を喜び、まっすぐにその明かりに近づこうとするが、山道を一筋の川が遮っていて、その明かりに至らない。

私たちはふつう「私」の視座からしか世界を見られない。「私」の視座とは、（私の）言語に基づいて世界を分別する視座であるが、言語は脳の神経回路網として存在しているので、意識のあらゆる時間に関与している。

「私」の視座から見ているかぎりは、「もう一つのこの世」も、「人間のこの世」の内部に生じた一つの知識にすぎない。「もう一つのこの世」に気づくことが、「私」の視座を離れることにつながらなければ、死は超えられない。

旅人が道を遮っている川を飛び越えて、明かりの場所に行きつくのは、仏陀が体験した悟りの視座を獲得するときであろう。何度も述べたように意志の弱い私たちにそれは難しい。しかし死を超えるためには、少なくとも旅人が暗闇から明かりを見るのではなく、明かりの場所からそれに照らされ包まれている自分を見ることが必要である。視野の逆転という飛躍が必要である。そのとき彼は、時空を超えたひとつながりの命と一体の自分を感得するであろう。

どうすればそれができるか。

仏陀はそれを説いている。また仏陀につづいた多くの覚者たちも、さまざまな工夫（方便）を説いている。

仏陀が説いた方法は、八正道といわれる修行の実践である。それをごく簡単に言えば、戒と定《じょう》、つまり我欲を制御するための、世間の価値観から離れた日々の生活であり、心を分別的な認識の対象から遠ざける禅定（瞑想）の習慣である。この修行によって人は「私」への執着を薄め、「私」の視座を離れる時間をもつようになるという。

八正道は「もう一つのこの世」に気づき、「人間のこの世」の真相を知るための方法でもあるが、それに気づいたら役割を終えるのではない。仏陀の弟子たちは個体としての「私」の消滅のときまで八正道を実践する。それは何より「もう一つのこの世」のほうから「人間のこの世」を見て生きるためであろう。

しかしながら、仏陀が説いた八正道を、仏陀と彼の弟子たちが行なったように実践することは、この日本では難しい。私は本章で良寛禅師の生きざまを示したが、それはこの日本の社会でありえた八正道の実践であったと思うからである。

その良寛が歩んだ道も、並外れて強靭な意志力が必要であり、そのうえ自立性を失った現代日本の社会に生きる私たちには、さらに困難に見える。

浄土教が戒も定も必要としない方法を説いている。阿弥陀仏の工夫（これを私は、仏陀につづいた覚者の工夫であると思っているが、いまは経典の文字通りに阿弥陀仏の工夫と言っておこう。私にとってはどちらでもいいことである）は、教えの仕組みによって巧みに「私」の視座を離れさせようとする。

阿弥陀仏は、「南無阿弥陀仏と念仏を称える者を、必ず浄土に往生させよう」と約束する。「南無阿弥陀仏」とは「阿弥陀さま、お任せいたします」という表明である。私たちは阿弥陀仏の誓願を信じて任せればよいのである。「私」のはからいを捨てて、「南無阿弥陀仏」と任せるなら、一挙に視野の逆転が生じよう。阿弥陀仏の実に巧みな工夫である。

浄土教が説く道は、八正道の実践を必要としないという意味で、易しい修行の道（易行道）と言われるが、実際には一心に任せることもけっして容易ではない。『無量寿経』には「浄土は往き易くして人無し（易往而無人《いおうにむにん》）」という言葉もあるほどである。

では、どうすれば「私」のはからいを捨てて任せることができるか。

「私」のはからいの虚しさが、心底から解ればよいのである。繰りかえしになるが、親鸞の信心の根底には「罪悪深重の私」という自覚があった。ここにいう「罪」とは、我欲の世界をもたらす宿業を「造る罪」、本書の議論に即して言えば、「人間のこの世」は遠い過去からの人間の営みによって作られた、分別的な認識に現われるものであるという自覚であり、「悪」とは、その結果として人間の有りようの全体が悟りの妨げであるという自覚である。つまり、私たちの感じ方もものの見方も行動の仕方も、すべて丸ごと作られたものであり、「もう一つのこの世」を覆い隠す妨げであると自覚するのである。『歎異抄』の後序に、親鸞の次の言葉がある。

「善悪のふたつ、惣じてもて存知《ぞんじ》せざるなり。そのゆゑは、如来の御《おん》こころによしとおぼしめすほどにしりとほしたらばこそ、よきをしりたるにてもあらめ、如来のあしとおぼしめすほどにしりとほしたらばこそ、あしさをしりたるにてもあらめど、煩悩具足《ぐそく》の凡夫、火宅《かたく》無常の世界は、よろづのことみなもてそらごとたはごと、まことあることなきに、ただ念仏のみぞまことにておはします」

親鸞の罪悪深重の自覚は、仏陀が悟りの体験に基づいて至った「人間のこの世」の真相に通じている。親鸞は「私とは何か」を仏陀の教えにしたがってどこまでも見つめていき、その有為性を徹底的に了解《りょうげ》したゆえに、阿弥陀仏に任せることができたのである。

第九章　修行としての百姓暮らし

仏陀に四諦という教えがあることはすでに第二章で触れた。これは悟りを開いた仏陀が、ベナレスの郊外にあるイシパタナ・ミガダーヤ（仙人住処・鹿野苑）というところで、五人の修行者にはじめて教えを説いたときの内容であると伝えられている。四諦とは、苦・集《じゅう》・滅・道つまり「苦しみ（苦）」と「苦しみの原因（集）」と「苦しみの原因の滅尽（滅）」と「苦しみの原因の滅尽に至る実践（道）」という四つの真理という意味である。

内心を打ち明ければ、私はこの仏陀の教えに倣って本書を書き進めてきた。私の心づもりとしては、苦しみ（第一章）とその原因（第三章から第六章）とその滅尽（第七章と第八章）を書いたのである。そして四番目の道諦に相当する部分は当初は書かないつもりであった。というのは、私がこの三十年間行なってきた百姓暮らしを修行（苦しみの原因の滅尽に至る実践）と言ってもよいものかどうか、仏道を歩まんとする人に勧めてもよいものかどうか、自信がないからである。目的地に向かってまっしぐらに歩んでいる仏陀や彼の弟子たちの実践に比べて、私の実践はいかにもだらしがなく頼りがない。

しかし第八章まで書いてきて、苦・集・滅だけの構成では一書としても難があると思うようになった。本書の目的は、「死が怖ろしい」という思いに対する私の闘いの結果を示して、同じような思いを抱いている人の手掛かりにしてもらうことであるが、前章の末尾に書いたように、実践がなければ本書をいくら理解してもそれは単なる知識にとどまる。考えてみれば、それは三十数年前に『ことばの無明』を書いたときの私の状態であった。私は仏陀の悟りの内容が何であるか解ったと思った。しかし、死が怖ろしいという思いを超えたとは言いがたかった。闇の中に明かりが見えたが、それは彼方にあって、私はあいかわらず闇の中に佇《た》っていた。そこからが、私の実践の始まりであった。

前にも述べたように仏陀の説いた実践は八正道というものである。八正道の最初の項目は「正見」というが、その内容について『分別』と題される経は次のように説いている。

「比丘たちよ、いかなるかを正見というのであろうか。比丘たちよ、苦なるものを知ること、苦の生起を知ること、苦を滅することを知ること、苦の滅尽に至る道を知ることがそれである。

比丘たちよ、これを名づけて正見というのである」（増谷文雄訳・以下に引用した阿含経も同じ）。

この場合の「見」は、四諦の内容を知識として知ることであろう。そしてそれは正思、正語、正業、正命、正精進、正念、正定という実践の始まりなのである。

そうであるなら本書も実践について触れないわけにはいかない。実践を欠くなら単に遠くに見える明かりに行きつかないだけでなく、一つの固定観念を世間に流布させることにもなりかねない。私の百姓暮らしは意志の弱い人間が選んだきわめて妥協的な実践であって、それを人々に勧めるのはおこがましいと思う。しかし三十年の百姓暮らしがなければ、いま私がいる場所に行きつかなかったのは確かであり、どのような暮らしが私をこの場所に連れてきたかを語ることも、まったく意味のないことではないであろう。仏教に八万四千の法門があるという。私の歩んだ道が仏教であろうとなかろうと、それもどうでもいいことであるが、あまたの法門の片隅にある小さな門として提案したい。

私の百姓暮らし

私は自分が三十年前から営んでいる生業《なりわい》を「農業」と言わず、「百姓暮らし」と言ってきた。

両者はその内容も意味も似て非なるものである。それについては『百姓入門』などで詳しく書いているが、修行という観点から意味を考えるために簡単に紹介しておく。

三十年前に筑波山麓のこの村に移り住んだときにも、私がやりたいと思った暮らしはすでに残っていなかった。農業はすでに機械化が進み、化学肥料や農薬に頼って効率化を図るものであった。現代の農業は工業社会を成り立たせている産業の一部門であり、当然工業と同じ原理で営まれている。ひと言で言えば「いくら投資しても、利潤が出ればよい」ということである。農業には資本が要り、そのために離農を強いられる人々が多い時代であった。

私がやりたいと思った農業は、これもひと言で言えば「自然の恵みをいただいて生きる自給自足的な暮らし」である。文字通りの自給自足が困難なのは分かっていたので、私は昭和三十年代までの農家の暮らし、いわゆる高度成長期に失われてしまった農家の暮らしを具体的なイメージとして抱いていた。

村の年寄に聞いてみると、昭和三十年代もすでに換金作物中心の農業になっている。私の住む村では田畑合わせて一町歩がそのころの平均的な規模であるが、ある農家は養蚕、別の農家はタバコ、栗というように、畑の大部分を使って換金作物を作っていた。言うまでもなく農家の暮らしにも金が必要である。食べものも塩・砂糖などの調味料や海産物は買うし、衣類は、たいていの家で機織りをしていたが、それは売ってしまい、必要なものを買うことが多かった。高価な手織物を売って、安い工業製品を買うのである。また、農家の子弟もほとんど高校までは行くようになって教育費もかかったし、当然電気代もかかった。それで換金作物を作っていたが、今の農業と決定的に違うのは、「金は暮らしをより豊かにするために求められたが、なければ生きていけないものではなかった」ということである。作付けの基本は主食の米麦と味噌醤油用の大豆、穀物の不足を補う芋類で、それに少しの野菜が作られていた。

生産手段のすべてを自給することはないが、当時の農業を「鍬鎌《くわかま》農業」というように手仕事が中心であり、村には鍛冶屋があって、道具類はほとんど村の中で調達できるものだった。年寄の一人は「農家の財産の半分は飼っている牛か馬だった」と教えてくれた。

私はそのような農業を、単なる金儲けの手段になってしまった今の農業と区別するために「百姓暮らし」と言っている。

私がこの村に移り住んだ三十年前には、百姓暮らしを体で覚えた人たちがまだたくさん生きていた。私はそのころ六十代の老農たちに鍬や鎌の使い方を習い、苗代の作り方や田植えの仕方を習って、百姓暮らしを始めた。

技術はもとより、老農たちの体力も都会からやってきた軟弱な私など到底かなわないすごいもので、私は半人前どころか四分の一人前だった。私は生きていくためにさまざまな妥協をせざるをえず、いくつかの機械も使うようになった。それでも少しずつ体を鍛え、技も身につけ、十年二十年と経つうちに何とか彼らに近づくようになった。はじめは妻と二人で三反くらいしかできなかった田畑も、やがて一町歩以上になった。

私たちも年老いたので、少しずつ規模を小さくしているが、今も畑を約七反、水田を約二反耕作している。そこに米麦豆からブドウなどの果物に至るまで、自分たちが食べるものは何でも作る。年間だと八十種類くらいになる。そして鶏を七〇羽ほど飼っている。農作物や卵は必要最低限の現金収入を得るためのものでもあるが、それより前に自分たちが食べて生きるためのものである。もちろん衣食住にわたって金で買う必需品も多い。それらは生活を豊かにしているが、それらがなくても自給するものだけで最低生きていける暮らしをしている。

私は単に「死が怖ろしい」という思いを超えるための修行として百姓暮らしに入ったのではない。いくつかの本でその社会的な意味を書いてきたが、それも私自身は仏教に教えられたと思っている。この世界の一切のものが縁起として成立していることが解って、これを現代社会の状況に当てはめてみると、工業社会の豊かさと、貧しい国々の苦しみが支え合っていることが見えてくる。また現代人が享受している豊かさと、未来の人々の困難が支え合っていることが見えてくる。さらには、私を悩ませてきた「死が怖ろしい」という思いと、工業化とともにヨーロッパから輸入された個人主義との関係も見えてくる。それゆえ、私の百姓暮らしは社会的な行動であるとともに、修行でもあると自覚された。修行という側面は多くの人の関心も同意も得られないように思われて、ほとんど書いてこなかったが、私の内では両者は深くつながっている。

出家者の暮らしと百姓暮らし

仏陀は乞食《こつじき》によって生きる出家者となることを勧めたのであって、自給自足の百姓暮らしといえども生産活動に対して否定的である。それが何ゆえかは多くの経典が教えている。

たとえば阿含経の中に『失牛』と題された経がある。牛の群れが行く方知れずになり、森に探しに行った農夫が、ひとり静かに瞑想している仏陀に出会い、「この人はどうしてこんなに安楽な姿をしているのか」と驚いて次のように反省する。

「この沙門には、十四頭の牛を見失い、今まで六日のあいだ探しても、見つからぬようなことはないのだろう。だからこそ、この沙門は安楽なのだ。

この沙門には、穀物の種を蒔いたが、その作柄がひどく悪くって、胡麻がほんの一、二本ということもないのだろう。だからこそ、この沙門は安楽なのだ。

この沙門には米蔵が空っぽになって、ねずみがしきりとその中で、跳ねまわるなどということもないのだろう。だからこそ、この沙門は安楽なのだ」

以下もっと続くが、そういう農夫の嘆きを聞いて、仏陀は「そのとおりである」と答えている。農夫の嘆きは我欲があるゆえに生じるのであって、仏陀は我欲を制御するために僧伽《さんが》に生産活動を禁じたことが分かる。

「私」の視座を離れて「もう一つのこの世」のほうから見るためには、私の視座につねに付きまとっている我欲を制御し自我意識を薄めなければならないが、それは簡単ではない。禁煙を決意した人が、三日と経たぬうちに元の木阿弥になってしまうように、私たちの意志はあてにならない。生産活動をして我欲を持たないことは難しい。それゆえに、仏陀は「外から制御を強いる生活をせよ」というのである。

もう一つ、『釣り針』と題された経を挙げよう。その経で仏陀は利養と名声を漁師が垂れる釣り針にたとえて、それらを遠ざけるべきことを教えている。

「比丘たちよ、利養と名声とは、恐ろしく、苦々しく、苛酷なものであって最高の安穏《あんのん》に到達する障礙《しょうげ》である。

比丘たちよ、それはちょうど、ひとりの漁師があって、肉を餌としてつけた鉤《はり》を深い沼に沈めたとき、一匹の魚が、それを一目見てパクリと鵜呑みにしたようなものである。比丘たちよ、そうすると、その漁師の鉤を呑んだ魚は、災難にあい、破滅におちいり、漁師の思うがままにならねばなるまい。

比丘たちよ、ここに漁師というのは、悪魔を意味する。また比丘たちよ、鉤というのは利養と名声のことなのである」

この経で仏陀は、修行者が世間の人々から供養を受け、名声を得ることを戒めている。利養と名声は物欲と自己顕示欲を大きくするものだからである。修行者に「利養と名声が生じたら、すぐにそれを捨てよ」と仏陀は説く。

これらを見るに、仏陀は我欲を制御し、世間の価値観から自由になるために、「もっとも易しい道として」出家者の生活を勧めたことが分かる。世間の内にあって分業の一つを担いながら我欲を制御するのは、不可能ではないにしても、とても難しい。それはタバコを毎日数十本も吸っていた者が、数本に減らすのは、すっぱりと止めてしまうよりもいっそう難しいのと同じである。

修行と労働の関係を考えるとき、すぐに思い出すのは、唐の時代の禅僧・百丈懐海に関わる「一日なさざれば一日食らわず」という言葉である。柳田聖山の『禅の山河』という本によれば、百丈禅師は禅院の生活規定である「清規《しんき》」をはじめて成文化した人で、とりわけ毎日の生産労働を大事にしていたという。

弟子たちは老師に休んでもらおうとするが聞き入れられない。そこであるとき事務長が老師の道具を隠して休息を勧めた。ところが百丈は道具を探し回って見つからないと、「わたしは徳のうすい男だ。どうして他人をわずらわせてよいものか」と言って、その日は食事を摂らなかった。この伝説から、「一日なさざれば一日食らわず」という有名な言葉が世に広まったという。

仏陀は生産労働を禁止し、百丈禅師は大切な務めとした。この対照をどう考えればよいだろうか。

まず二人が生きた社会の状況を考慮しなければならないだろう。インドに古くから四住期という教えがあることは、第一章で簡単に触れた。この教えは、我欲を原動力として維持される世間の生活では真実に到達することはできず、家住期を引退したあとの林棲期と遊行期に、我欲を制御して解脱を求めるという、インド社会に共通の人生観に基づいている。それゆえに家住期にある人は、林棲期・遊行期の人を敬って食を供するのである。食を乞う遊行期の老人は、彼自身の将来の姿である。

仏陀は遊行期に至らない若者を出家させて、四住期の教えにそむいたとも言える。それでしばしば家族を失った人々から非難が起こったらしい。しかし、それにしても世間の人々が出家者を敬って供養するという慣習があったことは大きく、それゆえに仏陀は我欲を制御するために生産活動を禁止するという方法をとったのであろう。では、百丈禅師は何ゆえに仏陀に倣わなかったのか。その問いに対する答えも仏陀がすでに説いている。

阿含経に『耕田』と題する経がある。この経は、多くの人を使って農業を営む一人のバラモンが仏弟子となった経緯《いきさつ》を語っている。ちょうど穀物の種を蒔く季節、ある朝バラモンが使用人たちに食を分け与えていると、そこに托鉢にきた仏陀が通りかかった。農夫たちの傍らに立った仏陀に向かって、バラモンはこう言う。

「沙門よ、わたしは耕して種を蒔く。耕し種を蒔いて、そして食うのである。沙門よ、そなたも、耕して種を蒔くがよろしい。耕し種を蒔いて、しかる後に食するがよろしい」

仏陀は僧伽に生産労働を禁じた。それは家住期の若者も務めを果たさずに社会に寄生して生きることであり、このバラモンのように内心不愉快に思っていた人もいたことだろう。

さて、この批判に対して仏陀は、「わたしもまた、耕して種を蒔く。耕し種を蒔いて、そして食うのである」と答えている。そして「そなたの軛《くびき》も鋤《すき》も牛も見たことがない」と言うバラモンに彼は次のような偈《げ》を唱える。

「信は種子なり、戒は雨なり
智慧は軛につなぎし鋤にして
反省はその柄、禅定はその縄

正念はわが鋤の先と鞭《むち》なり
身をまもり、語をまもり
食するに量を制し
真理をもって草刈りをなし
楽住をたのしむはわが休息なり
精進はわがひく牛にして
われを静けき安穏《あんのん》に運び
行いて帰ることなく
到って悲しむことなし
かくのごときがわが耕耘にして
涅槃はその果実なり
われはかくのごとく耕して
すべての苦悩より解脱せり」

これを聞いたバラモンは自分の誤りを認めて、仏陀の鉢に乳粥を盛って差しあげたと経は言う。
しかし、この仏陀の言葉を私たちの常識から「わたしもまた人々を教え導く仕事をしている」と言ったのだと解釈したら大きな間違いである。この経には続きがあり、バラモンが乳粥を差しあげようとするのを退けて、仏陀はさらに偈を唱える。

「われは偈をとなえて食をうるものにあらず
婆羅門よ、そは智見あるものの法にあらず
もろもろの仏は、偈をとなえての賃を却《しりぞ》けたもう
婆羅門よ、ただ法に住するこそその生活の道なり
もろもろの煩悩つきて、もはや悩みもなき
まったき大聖をば、飲食《おんじき》をもって奉仕せよ
これ功徳をもとむるものの福田なればなり」

仏陀の行為が学校の先生と同じく、「他人《ひと》に物事を教える仕事」なら、「偈を唱えて食を得る」ことを否定する必要はない。それはこの社会（世間）を成り立たせている分業の一部を担うということである。しかし仏陀は自分の行為をそのようには考えていなかった。仏陀とその僧伽は、我欲を制御して真実に至るために出世間《しゅっせけん》の生活をするのであって、世間の営みではないのである。出家者の生活にも、「偈を唱えて賃を得る者」となってしまう落とし穴がある。そうなればかえって我欲を増大させ、偈を唱えてより多くの賃を得るべく行動する者も出てこよう。仏陀はこ

の経でそれに注意せよと戒めているように思われる。利養と名声は出家者の目の前に垂れている悪魔の釣り針である。遊行者を敬い供養する慣習のあるインドでさえ、その落とし穴があるのは、今日のインドに商売の一つとなった修行者がたくさんいることからも分かる。まして社会がそうした慣習をもたない中国や日本で、形だけをまねたらどうなるか。出家修行者は少なからず「偈を唱えて賃を得る者」となって、我欲を増大させよう。百丈禅師はそう考えた。だから自給自足という次善の道のほうを選んだのではないか。今日の世界にあるあらゆる教団の姿を眺めてみれば、仏陀と百丈のこの戒めの重要さを思わずにはいられない。

私の百姓暮らしは、自給自足ともいえない。米や野菜や卵を売って賃を得る生活である。だがひと昔前の鍬鎌農業でする暮らしは、現代日本では我欲を自制しなければできない。意志が弱く大いに妥協的な暮らしを営む私が、恥ずかしげもなく言うことになるが、私の百姓暮らしも工業社会では「外から我欲の制御を強いる」生活になると考えて選んだものであった。

なぜ我欲を制御する「戒」になるか

機械を使うか手仕事でするかは、趣味の問題ではない。機械は社会の経済的なシステムを変え、手仕事を追放する力として働く（これについては『百姓暮らしの思想』を参照されたい）ので、単に牧歌的な暮らしを求めるようなことでは、百姓暮らしはとても続けられない。機械を否定する強い気持ちがなければ、周りの人々の仕事に比べてあまりの効率の悪さに我慢ができずに、鍬鎌農業を捨てることになるだろう。

一例を挙げれば、私の稲作は反当たりでおよそひと月の労働を要する。四月上旬までには苗代を作り、じかに種を蒔く。本田はレンゲ田で、秋に蒔いたレンゲの花が咲くのを待って鋤き込み、数百メートルの畔《あぜ》塗りをして水を引き入れる。苗が育てば手で苗取りをして、一本一本手で植えてゆく。梅雨のころには四つん這いになって除草をし、秋には鎌で刈り取り、稲架《はざ》にかけ、日に干してから脱穀する。その後籾《もみ》米を庭先に敷いた莚《むしろ》に広げて干し、ようやく籾摺りができるようになる。

各種の機械や化学肥料や農薬を用いた現代農業では、反当たり約二日半の労働で米が食べられるようになるという。労働時間としては十倍以上の違いである。この違いは耕作できる規模の違いとなり、収入の差につながる。楽しみとして趣味的にやるのならともかく、金を得て生きるためなら、ひと昔前の百姓暮らしは思想がなければとてもできないだろう。「金は必要最低限でよい。それより自分は百姓暮らしが持っている価値のほうを選ぶ」という強い気持ちがなければ続けられるものではない。一見平和で豊かに見える工業社会が、実は邪悪で危ういものであると知る「正見」が必要であり、修行と自覚することが必要である。そのときはじめて百姓暮らしができるようになるのである。

それでも悪魔が垂れる釣り針はいくつも待ちうけている。

百姓暮らしを始めた年、私は米の脱穀に「足踏み脱穀機」を使った。当時は一反七畝の水田を耕作していたが、脱穀作業に六日間もかかった。しかも一日中脱穀機を踏み続けると、機械から離れても膝が笑うようになった。

次の年、私の苦闘ぶりを見かねた村の友人が納屋の奥に眠っていた「自動脱穀機」なるものを持ってきてプレゼントしてくれた。これは耕耘機が普及する昭和三十年代にできたもので、脱穀機と耕耘機をベルトでつないで、足で踏まないでもよくしたものである。私は鍬一本で田を耕すことができず、妥協して小さな耕耘機を使っていたから、新たな動力機械でなければよかろうと自分自身への言い訳を考えてそれを使うようになった。足の疲れがなくなり、仕事も三日で片付くようになった。

それから十数年後、私は友人たちと「スワラジ学園」という全寮制の小さな農学校を開いた。そのとき水田の広さが八反歩ほどになり、一台の自動脱穀機では日数がかかって他の予定がこなせないので、ハーベスターを導入した。ハーベスターも周りの農家ではほとんど使わなくなり、私が手に入れたものも納屋に眠っていたのをビール一箱と交換してもらった中古品であるが、仕事はさらに三倍も速くなった。

それで身にしみて解ったことは、「楽なやり方を経験すると、前のやり方にはもはや戻れない」ということである。

足踏み脱穀機から自動脱穀機に替えたとき、足の痛みがなくなったので、私は束の間の幸せを味わった。しかし、すぐにそれがあたりまえになり、もう足踏み脱穀機は辛いと感じる自分を見いだすのである。ハーベスターに替えたときも同じである。仕事が三倍も速く片付き、何と楽なのだろうと思ったが、次の年にはあたりまえになり、何の幸せでもなくなった。

欲望は実現されるとすぐにあたりまえになって魅力を失う。そして欲望の実現を望めば、つぎつぎに新たな渇望が起こって限りがない。怠惰を求める欲も限りがない。ひと昔前の百姓暮らしは生きるに十分な食べものと金を恵んでくれるが、それでよしとしなければ続けられないだろう。そのために大事なことは、周りの人の暮らしと比べず、物事の意味を根本に戻って、自分の頭で考えてみることである。

工業社会の生活はたくさんの物に囲まれているが、それらは本当にあったほうがよいものだろうか。私たちが健康に生きるために必要なものなら、そして私たちの人生を深みに導いてくれるものなら、求めたらよい。しかし工業社会では工業製品を売り続けないと豊かさを維持できないので、欲望を開拓してつぎつぎに商品化していく。その結果、かえって私たちを不健康にするものや人生の時間を無駄に使わせるものが、巷《ちまた》に満ち溢れている。

「われわれはまず最初に西洋諸国の真似をし、それから苦悶を重ねた末、遥か遠い将来にふたたびあともどりしたいというのだろうか？（中略）今日われわれは、西洋の表面的な魅力に眩惑され、日々われわれを引きつけている目まぐるしい舞踏を、進歩ととりちがえている。それがたしかにわれわれを一歩一歩死へと導いていることを、われわれは考えようともしないのである」（マハトマ・ガンジー『私の非暴力』）。

マハトマ・ガンジーのこの言葉をよくよく噛みしめよう。私は仏陀とともにガンジーを導師としている。私は、覚者はこの世界のすべての事柄について自由自在に正しい対応ができると考えているが、その自由自在を仏陀とともにガンジーにも感じるからである。

ガンジーが説いた「非暴力」は、単に社会変革の方法ではなく、真理に至るための修行であった。彼は「非暴力の核心は、最大限度に自己がないことである。自己がないということは、自分の身体に対する心配から完全に自由であることを意味する」（前掲書）と言っている。それはまさに、「死が怖ろしい」という思いを超えることを求めている私が、目標とする境地である。ガンジーはわずか百年前に生きていた人であって、現代工業社会に生きる私たちにとっては、むしろ仏陀よりも具体的な問題について導いてくれる。私は自分が道に迷うときにはガンジーの著作を読み直す。そうすると必ず彼が答えを出してくれる。修行の道を歩もうとする者にとっては、そのような導師（これを仏教では「善知識」という）をもつことが大切である。

ひと昔前の百姓暮らしで、多くの金を求めてもそれは叶《かな》えられない。しかし自然は、私たちが真面目に働けば、人間が生きるには十分すぎる食べものを与えてくれる。余ったものを売って、食べもの以外の必需品も手に入れることができる。そしてその暮らしは工業社会が失ったさまざまな豊かさをもたらしてくれることにも、やがて気づくはずである。

健康人となるべし

百姓暮らしの恩恵の一つは、病弱だった私の肉体が次第に頑健になっていったことである。三十歳のときに胆のうの切除手術を受け、その後も慢性的に胃を病んでいた私は、薬が手放せないような日々を送っていた。また冬になると毎年風邪をひいて、それもすぐに快復せずに一ヶ月くらい不調が続いたものだった。

百姓暮らしを始めて五年経ち十年経つうちに、私の体は目に見えて丈夫になっていった。消化剤などに頼らなくてもよくなっただけでなく、風邪もひかなくなり、今では最後に風邪をひいたのが何年前か思い出せないほどである。

さて私の導師マハトマ・ガンジーは意識的に健康を求めて、強靭な意志力で精進した人であるが、彼にとって健康とは単に病気のない状態ではなかった。ひと言で言えば私たちが努力して近づくべき身心の状態なのである。ガンジーは健康人を定義して、「からだつきが美しく、歯、目、耳、鼻、みな良い状態で、肌は悪臭なく適度に汗をかき、口臭もなく、手足の動きも自由で、ふとりすぎもせず、やせすぎもせず、精神と感覚の抑制ができる」人であると言い、「われわれがなぜ本当の健康人でないかというと、両親が真に健康でなかったからだ」と付け加えている。そして、本書の目的にとって注目すべきは、「本当の健康人は、死を恐れる理由をもたないもので、死というものに対して恐怖心を抱いているのは、健康からほど遠いという証拠なのです」という言葉があることである（『ガンジーの健康論』）。

百姓暮らしを始めたばかりのうちは、こうしたガンジーの言葉を理想論としか思えなかったが、そして今でも自分が健康人になったとは言えないが、「ガンジーは理想論を述べたのではない」と解るほどには健康になったと思っている。百姓暮らしを始める前、私は昔の百姓たちが淡々と自分の死を受容していたように思われて、その感性が羨ましかった。それはなぜかと考えてもよく解らなかったが、その疑問を解く鍵はこのあたりにあるようだ。

ガンジーは、健康人になるには地・水・火・風・霊気の五大要素をすべてきれいにして、バランスよく持っていなければばらないと言っている。この宇宙を、そして小宇宙である人間を五つの要素に別《わ》ける考えはヒンズー教のなかに伝統的にあるものだが、それを「きれいに」するとはどういうことか。

「きれいな水」と「きれいな風（空気）」が必要というのは解りやすいが、その重要性を理解している人は少ない。そのために工業社会では昔より得がたくなっている。百年前には水がきれいでないのは病原菌に汚染されていることであったから、ガンジーは煮沸したり布で漉《こ》すことを勧めている。工業社会では水道水は大量の塩素で殺菌されていて、一応病原菌はなくなったが、代わりにトリハロメタンをはじめさまざまな化学物質で汚染されている。これでは真の解決とは言えない。

「きれいな空気」は「きれいな水」より得がたい。都会の空気は工場の煤煙や自動車の排気ガスで汚され、田舎に住んでいる私はたまに都会に行くと息苦しいと感じるほどである。しかし田舎ではきれいな空気を吸えると思ったら大間違いである。排気ガスが少ない代わりに、田畑やゴルフ場に散布された農薬が漂っていて、薄いガス室にいるようなものなのである。

ガンジーは野外の空気を鼻で吸えと強調している。

「九九％まで、汚い空気が病気の根源になるということは間違いありません。したがって、病気を避ける最良の道は、戸外に住んで働くことであるということになります」

「常に新鮮な空気を吸うことです。ドアも窓も全部閉じたまま一日中オフィスや家にとじこもり、夜は狭い部屋で眠る悪習慣があります。できるだけベランダとか戸外で眠るべきで、それができなければ、せめて部屋の窓やドアを始終開放しなければなりません。空気は一日二四時間の絶え間のない食物です」（前掲書）。

気候の違いもあって、ガンジーの言葉をそのまま実行することは難しいが、私にも思い当たることがある。現代人が風邪をひきやすい理由の一つは、部屋全体の温度を調節する空調設備のせいである。そのために室内と外の温度差が大きく、出入りのたびに体が順応できずに風邪をひく。私の家では真冬にも居間に炬燵があり、土間に小さな石油ストーブがあるだけで、空気は一年中外気に近い。来客は部屋の中でも外套を着たままになるが、それが体のためにはよいのである。

次に「きれいな火」、これは少し難しいが、ガンジーは「きれいな火、あるいは陽光」と言い換えている。暖房や調理の火もいろいろある。昔は薪炭の火だけだったが、今では石油の火、ガスの火もあれば、電気の火や原子力の火もある。有害なものが発生する火はもちろん汚れた火であろうが、すべての火に欠点があって判断は難しい。多くの人は電気の火を「きれいな火」と考えているが、電気を産むために有害な廃棄物を出しているだけでなく、電磁波が私たちの健康を害していると、やがて明らかになるかもしれない。ガンジーは太陽の光も火に含め、野外の労働で陽光を浴びることの重要性を説いている。これは欠点をもたない暖房である。

「きれいな地」というのは、「きれいな土」であり、そこから恵まれる「きれいな食べもの」である。この重要性については、『百姓入門』などに書いてきたのでそれを参照していただきたいが、工業社会はあらゆる食品が手に入るように見えて、実際には「きれいな食べもの」はきわめて得がたい。農薬や化学肥料を用いて作られた農作物、食品添加物でごまかした加工食品、旬を無視した欲望をそそるだけの野菜や果物……本当に健康に近づかせる食べものを得ようと思ったら百姓暮らしをするほかはない。

命の糧《かて》は、他の生きものの命である。それに気づけば、何をどのように食べたらよいかが分かってくる。

昔から「三里四方でとれた旬のものを食べるのがよい」と言われているが、食べるものも食べられるものも命なら、同じ気候を生き抜こうとする生理的な欲求をもっている。だから夏が旬の果菜は水分が多く、それを食べれば私たちの体を冷やしてくれるし、冬が旬の根菜は体を温めてくれる。近頃は暖房ハウスを用いたり、季節が逆の外国から輸入して、旬ではないものを一年中食べて豊かになったと錯覚しているが、体にはよくないことをやっているのである。

命の糧は他の命である。だから食べものが健康でなければ食する人も健康にはなれないし、同じ道理で、直前まで生きていた新鮮なものでなければならない。私はひと昔前のやり方で米を作っていると言ったが、そうして作った米は生きているので、籾で貯蔵すれば何年でもおいしく食べられる。だから私たち夫婦は、新米を一度いただいたら、あとは古いものから食べている。ところが、農薬や化学肥料を使い、コンバインで強引にむしりとって熱風で乾燥し、玄米にしてしまった米は、一年も過ぎたらもうまずくなって食べられないという。黴《かび》が生えたり変色したりもする。これは米が命を失っているからである。

命の糧は他の命である。だから「健康を維持するために必要なだけ食べるべきで、それ以上多く食べてはいけない」とガンジーは言う。私たちは舌を喜ばすために食べ過ぎて病気になる。そして何よりたくさん食べる人は他の人の分を奪っていることになるからである。たとえば豊かな工業国では肉を常食している人が多いが、穀物を餌にして家畜を飼えばカロリーはだいたい五分の一に減少してしまう。肉食をやめれば同じ穀物で五倍の人が生きられる計算になる。

「舌を喜ばすために食べてはいけない」とガンジーは言う。しかしこの点については、私は少しだけ違う意見をもっている。正しい食事をしようと精進していると、私たちの味覚が鍛えられてくる。私たちの味覚は、本来は体によいものと悪いものを見分けて自分の体を守るためにある。つまり体によいものを「おいしい」と感じ、体に悪いものを「まずい」と感じる。乳児や野生の動物はそうした味覚を持っているが、私たちは欲望のままに誤った食生活を続けて味覚が歪んでしまい、味の濃いものや刺激的なもの、また珍しいものをおいしいと感じるようになってしまうのである。私も若いころは恥ずかしい食生活をしていたが、長いあいだ百姓暮らしをやってきて、今では体によくないものは味覚が拒否し、体が拒否するようになった。そして健康に育っている食べものはみな「おいしい」と感じるようになった。健康になるための食事は、必ずしも我慢を強いるものではない。

最後に「きれいな霊気」。これをガンジーは「大空（虚空）」と言い換えており、強い徹底した信仰をもって「悩まないこと」とも言っているが、今風に言えば「ストレスのない心」と解釈できようか。これについてはすぐあとに述べる。

これらの説明から解るように健康人に近づくためのもっともよい道が百姓暮らしなのである。ガンジーも次のように言っている。

「身心両面を健全にする運動とは、どんなものでしょうか。まことに自然はよくしたもので、身心を同時に使うことができるのです。地球上の大多数の人間は畑仕事をして生きています。農夫は骨の折れる肉体運動をしなくてはなりません。衣食を得るために彼は八～一〇時間、時によるとそれ以上働かねばならないからです。そして精神状態も良くないと、能率の良い労働はできません。栽培法の細かい事にもすべて精通し、土や気候についての知識を十分にもち、太陽や月や星の運動に関する十分な知識も必要でしょう。

（中略）

農夫の生活こそ、人間の自然な生活だといえます。人間はこのような自然の生活から離れれば離れるほど、病気に苦しまねばなりません」（前掲書）。

百姓の心を養うべし

「修行としての百姓暮らし」と言っても、特別な行為は何も必要としない。単なる思い付きでは、ひと昔前の百姓暮らしを長く続けることはできない。また期間限定の体験では何も得られない。習慣になるまで続けるために修行と自覚することが必要だが、あとは自然が教えてくれる。先祖たちが生きかわり死にかわりして作りあげてきた百姓の生き方が、体とともに心も養ってくれる。

さて、前にも述べたように、私は米や野菜を自給しているだけでなく、会員制で年間を通じて売っており、そのために約八十種類ほど作っている。そんなにいろいろな野菜を作っていると、どうやっても全部が豊作ということもないし、全部が不作ということもない。

村には「照りゴマ、降りアズキ」という言葉があるが、雨の少ない旱《ひでり》の年にはゴマがよくでき、反対に雨が多い年にはアズキがよく穫れる。サツマイモとサトイモもそのような関係にあって、たいていはどちらか一方が豊作になる。私たち百姓は、旱の年にもそこそこサトイモが穫れるように、乾燥しにくい粘土質の畑を選んで作ったり、株元に藁を敷いて乾燥を防いだりする。それらは先人から伝わった重要な技だが、万能ではなく、最後は「お天道さま次第」である。

インゲン豆が背丈より高く茂って、花がいっぱい咲いている。今年は豊作になるかなと思っていると、台風がやってきて強風にもまれ、一日で枯れてしまうこともある。だからと言って自然の脅威を遮断しようとすれば、こんどは不健康な野菜しか作れない。自然を支配しようとしても叶《かな》わない。

そういう体験を繰り返すと、あるとき「作物は自分が作っているのではない」と気づかされる。作物はすべて自然が、突きつめれば太陽から届くエネルギーが作っているのであって、私たち人間はそれをありがたくいただくだけである。本質的には、虫や鳥や獣と何も変わらない。

百姓は作物が健やかに育つように手助けをするが、それはいわば産婆の仕事のようなもので、赤ん坊を産むのは母親であって産婆でないのと同じである。初心者のうちは「自分が作っている」と錯覚するが、人間ができることは高が知れている。科学がいくら発達しても、種の一粒も無から創りだすことはできないのである。昔の百姓たちはこれをよく知っていた。

百姓暮らしを始めたころ、今でも五月三日だったと憶えているが、例年にない遅霜があって、出揃ったジャガイモの芽や定植したばかりのナスやピーマンの苗が萎れてしまったことがあった。そのとき近くに住む老農が、穏やかに笑みを浮かべて自分の畑を眺めていたのに驚かされた。

しかし、十年、二十年と経つうちに自分も同じ心になっていた。百姓は土を健康にするために少し手を加えるだけで、あとは自然に任せるほかはない。老農はそれが分かっているので、豊作も不作もありがたくいただくのである。この「任せる心」が百姓に安穏《あんのん》を与えてくれる。

私たちの心や体を害するストレスは、たいてい対人関係から起こる。だから人間相手でなく自然が相手の百姓暮らしは、もともとストレスが少ない。肉体の疲れはひと晩ぐっすり眠れば回復するものである。しかし根本を言えばすべてのストレスの源は自我意識であり、それに付随している我欲である。そして百姓が自然から教えられるこの「任せる心」が、自我意識を薄め、ストレスを洗い流してくれると言えよう。

親鸞は「南無阿弥陀仏」と阿弥陀仏に任せ、「騰々任天真」の良寛は覚後の暮らしを真実に任せる。百姓の自然に任せる心も、彼らの心に似ていないだろうか。

自給自足の百姓暮らしでは、豊作は必ずしも喜ぶべきことではない。たとえばサヤインゲンが大豊作の年がある。サヤインゲンにかぎらず、エンドウもアズキもダイズも豆類は収穫が大変で腰が痛くなる作業であるが、豊作の年はネットにからんだ蔓の足元からようやく手が届く高いところまで、インゲンがびっしりなっているので、収穫に例年の二倍もの時間を要する。

市場や直売所で不特定多数に売る人は、豊作ほど収入が増えるかもしれないが、自給自足ならそんなに食べられない。私は会員制で売ってもいるが、食べる人の数が決まっているので、やはり会員さんが食べられるだけ穫れればよいのである。私は作物の量で値段を変えずに、豊作の年も不作の年も穫れたものを均等に分けて会員さんに届けている。豊作の年はいつもよりたくさん食べていただき、それでも余ればご近所に差しあげてくれとお願いする。しかしそれでも出荷量には限りがあって、たくさんの野菜を捨てることになる。だからと言って収穫しないと、残ったサヤインゲンが大きくなって新しい実がつきにくくなる。それで豊作の年は労働だけが増えることになる（ついでに言えば、私は自給生活の意味を根本から逸脱しないように、こうした売り方を選んでいる）。

昔の百姓たちは続かない豊作よりも、ほどほどでも安定した収穫を願った。これには深い理由《わけ》がある。

豊作は生活をぜいたくにする。ぜいたくに慣れると質素な生活に戻れない感性ができてしまう。それで、豊作が続かなければかえって辛い結果を生じかねない。これは食料だけでなく物質的な豊かさ全体について言えることであろう。物質的な豊かさが無理なく得られたものならよいが、一時の僥倖《ぎょうこう》であったり奪ってきたものであったりすると、変化した生活を維持するためにそれを続けなければならないので、長い目で見るとかえって辛いことになるのである。

百姓暮らしは「堅実」を教え、「知足」を教える。たくさん穫ろうとして肥料をたくさん入れれば、必ずアブラムシなどの害虫が寄ってくるし、病気も多くなる。野菜自身もえぐ味が強くなって、体によいものでなくなってしまう。

現代農業はできるだけ多肥料にして多収穫を狙う。害虫や病気は農薬で抑えればよいという考えだが、農薬は悪魔が垂れる釣り針である。市場に出荷する農家も、豊作が必ずしも収入を増やすとはかぎらないが、「数年に一度当たればいいんだ。そのときがっぽり稼がしてもらう」などという言葉を聞く。これはもうギャンブルのような農業で、現代社会は百姓の心と正反対の貧しい心をつくっていると言わねばならない。

仏陀もガンジーも真実を見るために無所有の生活を実践し、その重要性を説いている。私たちはだれでも物事を見る目に、ひそかに自分を正当化しようとする心を紛れ込ませる。とくに自分の経済生活を正当化しようとするので真実が見えないのである。本書の議論に即して言えば、このことは眼差しの奥に「愛しい私」がいるという、私たちの分別的な認識の基本的な構図と関わっている。広い意味では我欲の一つであるが、「死にたくない」という我欲とともに、もっとも超えがたい我欲である。どうすればこの壁を乗り越えられるか。答えは言葉でいうだけなら簡単である。自分を正当化しないでもよい経済生活をすればよい。

「所有とは将来のための備えを意味します。真理の探究者、すなわち愛の法に従う人は、明日に備えて何も蓄えてはいけません」

「もし我々が非暴力を実現するつもりなら、我々は最も貧しい底辺の人間がもつことのできないものは何も求めないようにするべきである」（『私にとっての宗教』）。

ガンジーの言葉はすべて自分の体験に基づいており、偽りも表現上の誇張もない。また「所有していても、とらわれない」というような心のもち方の比喩的な表現でもない。文字通りに受け取るべきである。

そうだとすると、日本のような工業社会で無所有の生活をするのはとても困難である。この国ではわずかな食べものを得るために金が要るだけでなく、死んでいくためにも少なからぬ金が要る。子育ても介護も、人間のあらゆる営みが外部化され金が必要になったのは、けっして社会が裕福になった結果ではなく、現代社会が収奪経済によって成立しているからである。私たちは収奪経済を維持するためにつぎつぎに新しい産業を作りだしていく必要がある（この点については『自立社会への道』を参照されたい）。だから、この国では「自分を正当化しなくてもよい経済生活」

とは文字通りの出家・無所有ではなく、自給自足的な百姓暮らしであると私は思っている。

戒・定・慧について

仏陀の教えを戒・定・慧の三学として説くことが多い。中村元の仏教語大辞典は三学を、「規律のある生活を営み（戒）、そして心がよく落ち着いて（定）、そこで正しい世界観が持てるようになる（慧）こと」と簡潔に説明している。戒は正しい定を得るために必要であり、定は悟りの智慧を得るために必要であると、前者が後者の条件で、その逆ではないと理解されがちであるが、この三者が支え合っている状態が、仏陀が説いた生き方である。

今日では戒が軽視されて仏教が単なる教養、人生訓、学問になっている観があるが、仏陀がもっとも重要なものとして繰りかえし説いたのは戒である。戒の原語「シーラ」は「習性」の意味であるという。身心を制御する習慣が身につけば、あとはおのずとついてくる。

百姓暮らしは戒となりえることを述べてきたが、定と慧はどうなのか、少しだけ触れておく。

定について中村元の前掲書は、「身心を静かにして精神統一を行ない、雑念を払い、思いが乱れないようにすること」と説明している。一般的にも定はたいてい座禅と同一視される。つまり静かに座って瞑想する時間をもち、心を外界の対象に向けず、想像的なイメージにも向けず、無念に徹する。その訓練によって、分別的な認識にともなう自我意識を薄めることであると思われる。数息観という瞑想法がある。一から十までゆっくり数を数えながら、呼吸を整える。数は外界に対象をもたない「音の形」だけの語であり、一、二、三……九、十という連続はだれでも習慣として身についているので、特別に注意を向ける必要がない。その数に心を専注する。これは分別的なイメージを心から追い払うきわめて巧みな工夫である。

百姓暮らしでも忙しい労働の合間に、そのような時間をもつこともよいであろう。しかし、あえて座禅をせずとも、百姓の仕事のなかには定を得る行為がたくさんある。たとえば一生懸命草取りをする。心は鎌の先にある草に専注して、草という対象をことさら意識することもない。まして草をとっている「我」を意識することはない。一心に草取りをしたり、鍬をふるったりしているときに、私は座禅よりも容易に雑念を追い払うことができる。

次に慧について言えば、正しい世界観をもって物事を理解することを慧解《えげ》というが、その能力を一挙に手に入れることは難しい。私はこの社会に起こるすべての物事について「縁起を観る訓練」をしている。この世界のすべての物事は支え合って生起するのであり、一見遠く離れて何の関係もないように思う物事も、必ず関係がある。そのすべての関係が物事の意味である。それをたどっていく訓練をする。人間社会の物事についてその意味を見るのはあまり難しくない。人間の行為は必ず我欲に基づいているから、それぞれの物事に隠されている我欲を探して見いだせばよい。そしてそのために必要な眼差しは、ガンジーが繰りかえし教えてくれている。

「あなたにお守りをあげましょう。迷った時や自分自身をもてあますようになった時は、次の方法を試してみて下さい。

これまでに会った中で最も貧しく、最も無力な人の顔を思い出して下さい。そしてあなた自身に次のように問いかけて下さい。自分がしようと思っていることは彼の役に立つだろうか？ これによって彼は何かを得ることができるだろうか？ これは彼の人生と運命に対する彼の支配を回復するものだろうか？ 言い換えれば、これは肉体的にも精神的にも飢えている無数の同国人にスワラジ——ないし自治をもたらすだろうか？

こうすれば、あなたの迷いや利己心が溶け去っていることに気づくでしょう」（『私にとっての宗教』）。

この言葉は行動について迷ったときにどうすればよいかを教えているが、もちろん物事の意味を見るという行為についても当てはまる。繰りかえすことになるが、私たちは眼差しに自分を正当化しようとする我欲を紛れ込ませているので、真実が見えない。虐げられている人々、もっとも貧しい人々の立場から見ることが過《あやま》たない方法なのである。

実践をともなわない知識は、決して「私」の在《あ》り処《か》を動かさない。それを理解していただくために「修行としての百姓暮らし」を述べたが、私自身ができてもいないことまで語っていないかという心配は消えない。しかし、この国の未来を担う若い人たちに、私の経験がいくらかでも役に立つことを願って本章を書いたつもりである。

いくつになっても仏陀の悟りを求めて修行を始めるのに遅すぎるということはないが、百姓暮らしは老人が始めるには困難が多い。肉体を鍛えなければならないだけでなく、身につけている利養と名声（財産と地位）が妨げるからである。「死が怖ろしい」という思いを抱いているあなたが老人なら、あるいはすでに死病を得た人なら、私は親鸞が説いている道を勧める。それについては『ことばのニルヴァーナ』を参照されたい。百姓暮らしの道も念仏の道も、同じ場所に私たちを連れていくと私は信じている。

あとがき

原稿用紙を前にして、私は心のどこかでためらいも感じていた。半世紀の探求の結果私が行きついたところは、常識とはずいぶんかけ離れた場所であり、「気がおかしくなったのか」と言われないまでも、「死が怖いという気持ちを引きずったまま歳をとったために、冷徹な判断力を失ったのだろう」と思われそうだ。

されど、それも仕方がないことである。このたびも私は、自分で自覚しないまま嘘をついてしまわないように、それだけを注意して書きすすめたつもりである。

昨年の暮れに私は、幼児のときから付き合ってきた親友を失った。彼が末期の癌に侵されていることを知ったとき、私は彼に「死とは何か」を語りたかった。私が行きついたところを語りたかった。しかしこの甚深微妙《じんじんみみょう》で容易に理解できない事柄をうまく話せないような気がして、本書を書き始めた。二年前の秋のことである。結局間に合わずに、最後の入院となった病院のベッドの傍らで、理解してくれたかどうかも分からぬ徒言《むだごと》を話しただけだった。

親友の病いと死は、私に老いを自覚させ、この「最終報告」を書かせる契機となった。彼に読ませることはできなかったが、私の死神との闘いが、心ならずも死病を得た人たちに、また「死が怖ろしい」という思いをもちながら生きている人たちに、何がしかの力になることを願っている。

医学の進歩と経済の繁栄によって、先進国（支配者たちの国）には長寿社会が出現したが、私には老人たちが幸せだとは思えない。年金や介護保険などの社会保障の制度で、路頭に迷うことはないが、肉体がまだ元気なうちは趣味の遊びに日々の時間を費やし、それができないほどに弱れば施設での死を待つ日々が始まる。そのどちらもが、私には幸せな老いとは思えないのである。昔のほうが、寿命は短いが、うなずくことができる老いがあったと思えてならない。この理由の一つは核家族化が進んだことであろうが、根本的には「死が怖ろしい。死にたくない」という、大昔から人間に普遍的な思いを、科学の発達でも豊かな富でも克服できないゆえであろう。経済的な豊かさは我欲を肥大させるが、死に対しては無力で、先送りすることができるだけである。

百姓暮らしを始めてから、私は弱肉強食のこの社会を少しでも良くするにはどうしたらよいかを考え、いくつかの文章を発表してきた。だが人間の社会は私が望む方向と正反対のほうに暴流《ぼうる》のように進んでいるように見える。自己中心的に区画構成されるこの世界は、我欲を推進力として変化していく。この世は永久に浄土にはならない。だから当然のようにも見えるが、滅びに向かっている変化を進歩と取り違えている様は、何とも悲しいことである。

近代以前は我欲のままに行動しても、人間が滅びることはなかった。しかし地球に未知の場所がなくなり、丸い地球に閉じ込められていることが分かった近代以降は、弱肉強食の社会を改めなければ、人間の社会は間違いなく地獄になり、やがて滅びると思わざるをえない。

科学技術の急速な発展は人々の生活に大きな変化をもたらしている。人々はそれを歓迎しているが、かつては植民地支配の拡大によって得ていた繁栄を、現代では欲望を商品化する技術の開発によって得ようとしている結果である。競争に勝つためには科学を発展させなければならない現在の状況は、実は危うい。原子力工学にせよ、生物工学にせよ、あるいは情報工学にせよ、その力が巨大になっていて、もはや安全性を十分に確保できないが、収奪経済と結びついて制御できなくなっているからである。

歳老いてから私は、その暴流を作っているのは我欲であり、つまるところ「死が怖ろしい」という思いではないかと感じている。さまざまな我欲のなかでももっとも根源にあるのは、「死にたくない」という欲だからである。それゆえ、この人間の社会を平和で慈愛に満ちたものにするためにも、仏陀が説いている「もう一つのこの世」に気づくことが何より大切だと思うのである。

本稿を書くにあたって多くの方のご協力をいただいたが、とくに幡谷唯深師と白石凌海師に感謝している。唯深師は私の弟であり若いころからの法友でもある。彼との折々の対話から、私は仏教について多くの示唆を受けてきたが、このたびも必要な文献を探してもらうなど手を煩わせた。凌海師はインド仏教に造詣が深い学僧であるが、本稿を読んでもらい、貴重なご意見をいただいた。

また本書の出版に際しては、編集者・二又和仁氏と現代書館社長・菊地泰博氏にお世話になった。心より御礼申し上げます。

平成二十六年冬、筑波山麓・鹿苑農場にて

筧　次郎

参考文献（本書を理解するためにとくに役立つと思われるもので、入手しやすいもののみを記した）

『ことばの無明』筧次郎（邯鄲アートサービス）
『ことばのニルヴァーナ』筧次郎（邯鄲アートサービス）
『百姓入門』筧次郎・白土陽子（新泉社）
『「死」を哲学する』中島義道（岩波書店）
『阿含経典（全六巻）』増谷文雄訳（筑摩書房）
『ブッダの生涯（原始仏典第一巻）』畝部俊英ほか訳（講談社）
『真理のことば・感興のことば』中村元訳（岩波文庫）
『中論（上）（中）（下）』三枝充悳（レグルス文庫）
『狼に育てられた子』J・シング（福村出版）
『奇跡の人ヘレン・ケラー自伝』ヘレン・ケラー（新潮文庫）
『奇跡の脳』ジル・ボルト・テイラー（新潮文庫）
『大いなる死』羽仁進（光文社）
『動的平衡』福岡伸一（木楽社）
『私にとっての宗教』マハトマ・ガンジー（新評論）
『ガンジーの健康論』M・K・ガンジー（編集工房ノア）
『わたしの非暴力』マハトマ・ガンジー（みすず書房）

筧 次郎（かけい・じろう）

昭和二十二年（一九四七）、茨城県水戸市生まれ。百姓、哲学者。京都大学卒業後、パリ第一・第三大学で哲学・言語学を学ぶ。花園大学講師を経て、自らの思想を実践するために、昭和五十八年より筑波山麓で百姓暮らしを始める。平成十四年、スワラジ学園の設立に参加し、平成十八年まで学園長を務め、現在は、提携組織「スワデシの会」を運営。

著書に『ことばの無明』『ことばのニルヴァーナ』『百姓の思想』『自立社会への道』『反科学宣言』『百姓暮らしの思想』、共著に『百姓入門――奪ワズ汚サズ争ワズ』『オーガニック自給菜園12カ月』がある。

死《し》を超《こ》えるということ

「もう一つのこの世」に気づくために

二〇一五年三月二十日　第一版第一刷発行

著者　筧 次郎

発行者　菊地泰博

発行所　株式会社 現代書館

東京都千代田区飯田橋三―二―五

郵便番号　102-0072

電話　03（3221）1321

FAX　03（3262）5906

振替　00120-3-83725

編集　二又和仁

組版　具羅夢

印刷所　平河工業社（本文）

東光印刷所（カバー）

製本所　積信堂

校正協力・迎田睦子

 ISBN978-4-7684-5756-6

現代書館

三土修平 著

いま宗教にできること、できないこと

人間生活で、宗教の役割とは何か。どういう場面で宗教が必要とされ、役立っているのか。オウム事件から、戒名問題から、死刑廃止問題から、活きるために我々は宗教をどう考えればいいのか、多くの歴史的事実から平易に読み解く。

1800円＋税

中垣顕實 著

卍(まんじ)とハーケンクロイツ

卍に隠された十字架と聖徳の光

卍（まんじ）とハーケンクロイツは同じなのか、どう違うのか。欧米ではナチスと結びつけられて悪印象の卍だが、古代から幸せの聖徳として崇められていたのである。世界中の卍の分布や卍を見る側の感情を調べ、その復権を試みた。

2300円＋税

山折哲雄 著

宗教の行方

経済成長による物質的欲望を謳歌し続けた日本人はいま精神的支柱を失い、オウム等の宗教がかかわる事件を前に何ら思索するすべもない。本書は世界的に、益々関心が高まる宗教の可能性を、日本人論をからめながら縦横無尽に論究する。

2000円＋税

天笠啓祐 著

この国のミライ図を描こう

原発とグローバリズムが無理なわけ

「3・11」は様々な悲劇をもたらし、様々な問題点をあらわにした。あの日を境にした今後の日本が進むべき「もう一つの道」とは何か？環境問題専門ジャーナリストの天笠啓祐氏が自然エネルギーや民主主義など10のポイントで考える。

1400円＋税

大倉 直 著

命の旅人

野本三吉という生き方

東京空襲で妹を亡くす原体験。横国大卒で教員に、のち山谷、沖縄等全国放浪。市職員として寿で日雇い労働者に寄り添う。横市大を経て沖縄大教員に、14年春退職。野生の熊の激しさを持ちながら、出会った人に真の安らぎを与える男の半生。

2000円＋税

宇根 豊 著

農本主義が未来を耕す

自然に生きる人間の原理

現代の「農本主義」とは何か。土に、田畑に、動植物。それらと共に生きることに人間の体と生活を委ね、喜びも哀しみも抱きしめ生きていく。この営みを「農」と名付け、その原理を「農本主義」と提唱する。ポスト経済至上社会の書。

2300円＋税

定価は二〇一五年三 月一日現在のものです。